Helen J. Faith

Madden NFL

Spielanleitung

Schalte Gewinnstrategien frei, baue ein meisterschaftswürdiges Team auf und erobere jeden Spielmodus

Verzichtserklärung

Dieses Buch ist ein unabhängiges Werk und steht nicht in Verbindung mit Electronic Arts (EA), *Madden NFL* oder einem seiner verbundenen Unternehmen oder wird von diesen unterstützt. Alle Produktnamen, Marken und Logos sind Eigentum ihrer jeweiligen Inhaber. Alle Rechte vorbehalten.

Dieses Buch ist ein Leitfaden, der von einem Drittanbieter erstellt wurde und nicht mit EA Sports, *Madden NFL* oder anderen offiziellen *Madden NFL-Unternehmen in Verbindung steht, von ihnen gesponsert oder unterstützt wird* . Alle Ratschläge, Strategien oder Informationen, die in diesem Buch vorgestellt werden, basieren auf persönlichen Erfahrungen und Forschungen und sollen die Erfahrung des Benutzers mit dem Spiel verbessern.

Obwohl alle Anstrengungen unternommen wurden, um die Richtigkeit und Relevanz der Informationen in diesem Leitfaden zu gewährleisten, kann sich der Inhalt aufgrund von Updates oder Patches am Spiel ändern. Der Publisher und der Autor sind nicht verantwortlich für Unstimmigkeiten, die sich aus zukünftigen Spiel-Updates,

DLCs oder anderen Änderungen an *Madden NFL ergeben können.*

Der Autor und Herausgeber lehnen jegliche Haftung oder Verantwortung für Schäden ab, die aus der Verwendung oder dem Missbrauch der in diesem Buch bereitgestellten Informationen entstehen können. Der Leser übernimmt die volle Verantwortung für seine Handlungen während des Spielens, und die geteilten Strategien oder Ratschläge werden nach Ermessen des Lesers angewendet.

Alle externen Links, Verweise oder Vorschläge für zusätzliche Ressourcen (Websites, Dienstleistungen oder Produkte) werden nur aus Gründen der Übersichtlichkeit zur Verfügung gestellt. Der Herausgeber und der Autor unterstützen oder kontrollieren diese externen Unternehmen nicht und sind nicht verantwortlich für ihren Inhalt oder die Folgen ihrer Verwendung.

Durch die Lektüre dieses Buches bestätigen Sie, dass Sie diesen Haftungsausschluss gelesen und verstanden haben, und erklären sich damit einverstanden, den Autor und Herausgeber von allen Ansprüchen freizustellen, die sich in Bezug auf die bereitgestellten Informationen oder Ratschläge ergeben können.

Inhaltsverzeichnis

Einleitung

Willkommen bei *Madden NFL: The Ultimate Guide*

Willkommen, liebe Gamer, zum ultimativen Leitfaden zum Meistern von *Madden NFL*. Egal, ob du zum ersten Mal einen Controller in die Hand nimmst oder schon seit Jahren auf dem Gridiron grindest, dieser Leitfaden ist so konzipiert, dass er dich mit allem ausstattet, was du brauchst, um dein Gameplay zu verbessern, neue Fähigkeiten freizuschalten und dir zu helfen, in jedem Modus zu dominieren. Ich weiß, wie es ist, in ein Spiel einzutauchen, das eine Fülle von Optionen, Modi und Spielstilen bietet – manchmal kann es sich überwältigend anfühlen. Hier kommt dieser Leitfaden ins Spiel: Um alles Schritt für Schritt aufzuschlüsseln, Insidertipps zu geben und sicherzustellen, dass du *im Handumdrehen zum Madden-Experten* wirst.

Dies ist nicht nur eine grundlegende Anleitung oder eine einfache Liste von Taktiken. Es ist ein tiefer Einblick in die Mechaniken, die *Madden NFL* zu einem der fesselndsten und lohnendsten Sportspiele machen, die je entwickelt wurden. Egal, ob du ein erstklassiges NFL-Franchise managen, dein Ultimate Team aufbauen oder einfach nur den Nervenkitzel des kompetitiven Spiels genießen möchtest, dieser Leitfaden ist für dich da.

Was diesen Leitfaden auszeichnet, ist seine menschliche Note. Ich bin nicht nur eine gesichtslose KI, die generische Tipps ausspuckt – dieser Leitfaden wurde von jemandem erstellt, der dieses Spiel liebt, es ausgiebig gespielt hat und sich wirklich darauf freut, Strategien und Erkenntnisse zu teilen, die Ihnen einen Vorteil verschaffen. Das Ziel ist einfach: Du sollst *Madden NFL* in vollen Zügen genießen können, egal ob du nach dem Super Bowl-Ring strebst oder einfach nur dein Spiel verbessern willst.

Was Sie erwartet: Eine neue Ära des Fußballspiels

Um es klar zu sagen: *Madden NFL* hat seit seinem Debüt im Jahr 1988 einen langen Weg zurückgelegt. Was wir jetzt haben, ist ein hochoktaniges, visuell atemberaubendes und zutiefst strategisches Spiel, das die Essenz des Profifußballs einfängt. EA Sports entwickelt das Spiel mit jeder neuen Edition weiter und mit der neuesten Version sehen wir uns ein noch immersiveres Erlebnis an, das die Grenzen dessen, was ein Sportvideospiel sein kann, erweitert.

In diesem Leitfaden werden wir die Kernmechaniken der neuesten Version von *Madden NFL aufschlüsseln* . Egal, ob du auf einer Konsole oder einem PC spielst, diese Version wurde für das bisher beste Erlebnis optimiert. Mit aktualisierten Kadern, neuen Features und einem flüssigeren Spielerlebnis ist dies *Madden* auf seinem Höhepunkt.

Freuen Sie sich auf eine eingehende Erkundung von:

- **Aktualisierte Kader- und Spielerstatistiken**: Die neuesten Spieler- und Team-Updates sind in der Welt von Madden immer eine große Sache. Wir zeigen dir, wie du das Beste aus den aktuellen Kadern herausholst und geben dir einen Überblick darüber, wer die Power-Player sind.

- **Verbesserte Gameplay-Features**: EA Sports hat neue Mechaniken wie eine verfeinerte KI, bessere Spielerbewegungen und ein immersiveres Physiksystem eingeführt. In diesem Leitfaden erfahren Sie, wie Sie diese Verbesserungen in vollem Umfang nutzen können.

- **Neue Spielmodi und Optionen**: In Madden *gibt es immer etwas Neues zu entdecken*. Diese Edition führt aufregende Ergänzungen für den Franchise-Modus, Ultimate Team und andere Spielsysteme ein. Wir führen Sie durch diese Funktionen und geben Ihnen Strategien, wie Sie sie zu Ihren Gunsten nutzen können.

Noch wichtiger ist, dass dieses Spiel es einfacher denn je gemacht hat, in jeden Modus zu springen und mit dem Spielen zu beginnen. Die Benutzeroberfläche ist schlanker und die Tutorials sind intuitiver. Aber obwohl es einfacher zu erlernen ist, ist es immer noch eine Herausforderung, die man wirklich meistern muss – und hier kommen wir ins Spiel. Dieser Leitfaden gibt Ihnen die Werkzeuge und das Wissen an die Hand, die Sie benötigen, um in jedem Aspekt des Spiels zu glänzen.

Der Fokus liegt darauf, Ihnen einen klaren Fahrplan für den Erfolg zu geben. Jedes Kapitel ist vollgepackt mit umsetzbaren Ratschlägen und praktischen Strategien, die es dir ermöglichen, dich von deiner Konkurrenz abzuheben, egal ob du den Super Bowl-Titel im Franchise-Modus anstrebst oder dem Nervenkitzel des Online-Ranglistenspiels nachjagst.

Für wen ist dieser Guide geeignet: Vom Anfänger bis zum Profi

Sie fragen sich vielleicht: "Für wen genau ist dieser Leitfaden gedacht?" Die Antwort ist einfach: **Dieser Leitfaden ist für alle geeignet.** Es ist für Anfänger, die ein umfassendes Verständnis der Spielmechanik benötigen. Es ist für fortgeschrittene Spieler, die ihre Fähigkeiten verfeinern möchten. Und es ist für Veteranen, die bereit sind, ihr Gameplay zu verbessern und ihre Strategien auf die nächste Stufe zu heben.

Für Anfänger

Wenn du neu in *Madden NFL bist*, hast du vielleicht das Gefühl, dass es eine steile Lernkurve gibt. Keine Sorge; Wir halten Ihnen den Rücken frei. Vom Verständnis der Grundlagen des Fußballs bis hin zur Navigation durch die komplexe Steuerung beginnt dieser Leitfaden mit den Grundlagen. Du lernst, wie du das Spiel von Grund auf spielst – beginnend mit den wichtigsten Aspekten: der Steuerung, den grundlegenden Strategien und wie du Spielzüge effektiv ansagst. Je mehr du spielst, desto mehr wirst du dich mit dem Tempo des Spiels und seiner komplizierten Mechanik vertraut machen.

Aber wir lassen Sie nicht nur nach den Grundlagen hängen. Sobald du den Dreh raus hast, zeigen wir dir, wie du deine

Fähigkeiten verbessern kannst. Du lernst, wie du klügere Entscheidungen triffst, egal ob du den Ball laufen lässt oder eine harte Offense verteidigst. Wir führen dich durch die Spielmodi und zeigen dir, wie du im Franchise-Modus ein Team aufbaust, Ressourcen in Ultimate Team verwaltest und sogar deinen eigenen Spieler im Superstar-Modus anpasst.

Für fortgeschrittene Spieler

Wenn du *Madden NFL* schon eine Weile spielst und bereit bist, es auf die nächste Stufe zu bringen, hat dieser Leitfaden viel zu bieten. Wir tauchen tiefer in fortgeschrittene Taktiken und Strategien ein, die dir helfen, die Verteidigung zu durchbrechen, offensive Schwächen auszunutzen und jede Nuance der Spielmechanik zu verstehen.

Hier beginnt der eigentliche Spaß. Du lernst, wie du das Spieltempo kontrollierst, deinen Gegner überlistest und die perfekte Balance zwischen Angriff und Verteidigung findest. Sie lernen auch, wie Sie die Playbooks effizienter nutzen, die richtigen Spielzüge je nach Situation auswählen und den Spielfluss steuern können.

Die Komplexität des Spiels nimmt mit zunehmendem Fortschritt zu, daher führen wir Sie Schritt für Schritt durch die fortgeschrittenen Techniken. Wie liest man zum Beispiel eine Verteidigung und ruft das richtige Audible zur richtigen Zeit auf? Wie verwalten Sie Ihre Gehaltsobergrenze im Franchise-Modus effektiv, um Ihr Team auch in den kommenden Jahren wettbewerbsfähig zu halten? Wir führen Sie durch diese Schlüsselstrategien und helfen Ihnen, Ihr Potenzial zu maximieren und die Konkurrenz zu übertreffen.

Für Profis und kompetitive Spieler

Für diejenigen, die bereits Experten in *Madden NFL sind*, hilft dieser Leitfaden dabei, ihre Fähigkeiten zu verfeinern und ihren Wettbewerbsvorteil zu erhalten. *Madden* ist ein Spiel, das nicht nur Erfahrung, sondern auch Anpassungsfähigkeit belohnt. Jede Saison fügt EA Sports neue Funktionen und Spielmechaniken hinzu, die eine schnelle Anpassung erfordern. Wir halten dich über die neuesten Spieländerungen auf dem Laufenden und geben dir Tipps auf Profi-Niveau, mit denen du dich von den anderen abhebst.

Wir sprechen davon, wie du deine Taktik für das Online-Spiel optimierst, deine Fähigkeit perfektionierst, jeden Zug deines Gegners zu lesen, und kluge Entscheidungen triffst, die unter Druck zum Sieg führen. Egal, ob du in Online-

Ranglistenspielen, Turnieren oder einfach nur in Ultimate Team antrittst, wir helfen dir, die kleinen, aber bahnbrechenden Optimierungen zu finden, die einen großen Unterschied machen.

Ein humanisierter, echter Ansatz für Spiele

In diesem Leitfaden geht es nicht nur um rohe Statistiken und Mechaniken. Es geht darum, Ihnen das Selbstvertrauen zu geben, das virtuelle Feld zu betreten und dabei Spaß zu haben. Sicher, die Strategien und Tipps sind entscheidend, aber was diesen Leitfaden wirklich wertvoll macht, ist die menschliche Note. Ich bin ein Gamer, genau wie du. Ich habe meinen gerechten Anteil an frustrierenden Niederlagen, triumphalen Siegen und all den Höhen und Tiefen dazwischen erlebt.

Wenn du *Madden spielst*, geht es nicht nur darum, starren Anweisungen zu folgen. Es geht darum, die Freiheit zu haben, zu experimentieren, sich anzupassen und seinen eigenen Weg zum Erfolg zu finden. Deshalb sagt dir dieser Leitfaden nicht nur, was du tun sollst, sondern befähigt dich, wie ein Gamer zu denken, die Besonderheiten des Spiels zu verstehen und deine Grenzen zu erweitern.

Vom ersten Touchdown-Pass auf deinen Rookie-Wide-Receiver bis hin zum Super-Bowl-Sieg – dieser Leitfaden soll sicherstellen, dass jeder Moment in *Madden NFL* so spannend und lohnend wie möglich ist.

Kapitel 1: Erste Schritte

Willkommen in der Welt von *Madden NFL*. Egal, ob Sie zum ersten Mal das virtuelle Spielfeld betreten oder nach einer langen Pause zurückkehren, der Einstieg kann sich ein wenig überwältigend anfühlen. Aber keine Sorge – ich bin hier, um dich durch die ersten Schritte zu führen, damit du dich auf den Erfolg einstellst, den Prozess genießt und schließlich ein Madden-Master wirst .

In diesem Kapitel behandeln wir die wesentlichen Grundlagen: wie man das Spiel einrichtet und installiert, wie man durch das Hauptmenü navigiert und wie man die Benutzeroberfläche und die Steuerung versteht. Dies sind die Bausteine, um *Madden NFL zu verstehen*, und wenn du sie frühzeitig beherrschst, wirst du das Selbstvertrauen haben, tief in die komplexeren Elemente des Spiels einzutauchen.

Einrichten und Installieren von *Madden NFL*

Bevor Sie mit dem Spielen beginnen können, müssen Sie sicherstellen, dass das Spiel auf Ihrem System richtig eingerichtet ist. Egal, ob du auf PlayStation, Xbox oder PC spielst, der Prozess ist relativ einfach, aber es ist wichtig, jeden Schritt sorgfältig zu befolgen, um spätere technische Kopfschmerzen zu vermeiden.

Schritt 1: Installation des Spiels

Wenn du *Madden NFL* digital kaufst, musst du es aus dem entsprechenden Store herunterladen:

- **PlayStation**: Navigiere zum PlayStation Store und suche nach *Madden NFL*. Sobald Sie es gefunden haben, wählen Sie "Herunterladen". Wenn Sie ein Upgrade von einer älteren Version durchführen, finden Sie diese in Ihrer "Bibliothek" unter "Gekauft".
- **Xbox**: Gehen Sie zum Xbox Store, suchen Sie nach der neuesten *Madden NFL-Version* und klicken Sie auf "Herunterladen". Sie können es auch aus dem Bereich "Meine Spiele & Apps" herunterladen, wenn es sich in Ihrer Bibliothek befindet.
- **PC:** Download über die EA Desktop-App oder Origin, je nach Plattform. Sobald der Download startet, lehnen Sie sich zurück und entspannen Sie sich, während sich das Spiel selbst installiert.

Profi-Tipp: Stellen Sie sicher, dass Sie genügend freien Speicherplatz auf Ihrer Festplatte oder SSD haben, bevor Sie den Download starten. *Madden NFL-Spiele* sind in der Regel große Dateien, vor allem mit den zusätzlichen DLCs (Downloadable Content) und Updates, daher ist es immer eine gute Idee, den verfügbaren Speicherplatz vorher zu überprüfen.

Schritt 2: Spiel-Updates

Nach der Installation sollten Sie als Nächstes sicherstellen, dass das Spiel auf dem neuesten Stand ist. EA Sports veröffentlicht regelmäßig Patches und Updates, die Fehlerbehebungen, Gameplay-Optimierungen und vor allem aktualisierte Kader enthalten. Diese Updates sind besonders wichtig für ein Sportspiel wie *Madden NFL*, bei dem sich die Spielerstatistiken und Teamaufstellungen jede Saison ändern.

Halte Ausschau nach Updates, bevor du dich ins Spiel stürzt, um sicherzustellen, dass du die aktuellste Version des Spiels erlebst.

Schritt 3: Einrichten Ihres Profils

Sobald *Madden NFL* installiert und aktualisiert ist, musst du dein Profil einrichten. Hier können Sie Ihren Avatar anpassen, sich mit Online-Diensten verbinden und Ihre gespeicherten Daten mit der Cloud synchronisieren. Wenn du Online-Modi wie Ultimate Team (MUT) spielst oder in Ranglisten-Matches antrittst, ist dein Profil der Schlüssel zur Verfolgung deines Fortschritts, deiner Statistiken und Erfolge.

Profi-Tipp: Nehmen Sie sich etwas Zeit, um Ihre Einstellungen im Profil-Setup an Ihre Vorlieben anzupassen, z. B. die Schwierigkeitsstufen, die Spieloptionen und die visuellen Einstellungen. Wenn Sie Ihr Profil frühzeitig eingerichtet haben, können Sie direkt in die Action einsteigen, ohne sich später Sorgen über unnötige Unterbrechungen machen zu müssen.

Navigieren im Hauptmenü und in den Spielmodi

Das Hauptmenü in *Madden NFL* ist übersichtlich und intuitiv gestaltet. Sobald das Spiel geladen ist, werden Sie mit mehreren Optionen begrüßt, aus denen Sie wählen können, und es ist wichtig, sich frühzeitig mit diesen

Optionen vertraut zu machen, damit Sie in den Modus springen können, der Sie am meisten interessiert.

Schauen wir uns an, was Sie im Hauptmenü erwarten können.

Übersicht über das Hauptmenü

Wenn du *Madden NFL startest*, werden im Hauptmenü in der Regel die folgenden Optionen angezeigt:

1. **Jetzt spielen** – Schnelle Spiele oder Gelegenheitsspiele.
2. **Franchise-Modus** – Baue ein Team über mehrere Saisons auf und verwalte es.
3. **Ultimate Team (MUT)** – Erstelle dein Dreamteam mit Sammelkarten.
4. **The Yard** – Eine unterhaltsame Version von Fußball im Arcade-Stil mit kleineren Teams und dynamischem Gameplay.
5. **Superstar KO** – Ein rasanter Modus im Eliminierungsstil für Gelegenheitsspiele.
6. **Online-Spiel** – Spiele online gegen andere in verschiedenen Ranglisten- und Casual-Formaten.
7. **Einstellungen** – Passen Sie die Spieloptionen an, einschließlich Audio-, Grafik- und Steuerungseinstellungen.

8. **Tutorials** – Lernen Sie die Grundlagen oder verbessern Sie Ihre Fähigkeiten mit Tipps und Anleitungen im Spiel.

Spielmodi erklärt

Lassen Sie uns diese Modi genauer aufschlüsseln, damit Sie eine bessere Vorstellung davon bekommen, welcher zu Ihrem Stil passt.

1. **Jetzt spielen**: Dies ist deine erste Wahl, wenn du ein schnelles, ungezwungenes Spiel spielen möchtest. Hier kannst du wählen, ob du ein Team steuerst, mit einem Freund vor Ort spielst oder dich in ein Online-Match stürzt. Dies ist ideal für Anfänger, die sich mit der grundlegenden Steuerung vertraut machen möchten, ohne sich auf einen komplexeren Modus festzulegen.

2. **Franchise-Modus**: Wenn du auf der Suche nach einem tieferen, immersiveren Erlebnis bist, solltest du dich auf den Franchise-Modus konzentrieren. In diesem Modus kannst du ein NFL-Team über mehrere Saisons hinweg führen und Entscheidungen über Trades, Drafts und mehr treffen. Sie haben die Kontrolle über alles, von der Vertragsunterzeichnung über die Einstellung von

Trainern bis hin zum Aufbau Ihres Teams. Der Franchise-Modus bietet viel Tiefe und ist damit perfekt für diejenigen, die es lieben, Teams zu leiten und eine Dynastie aufzubauen.

- o **Profi-Tipp**: Beginne damit, dich auf die Bedürfnisse des Teams zu konzentrieren – wenn du neu bist, versuche, ein Team mit einem ausgewogenen Kader auszuwählen. Auf diese Weise kannst du dich leicht in das Spiel einarbeiten, ohne dich um den Stress kümmern zu müssen, es von Grund auf neu aufzubauen.

3. **Ultimate Team (MUT):** Ultimate Team ist *Maddens* Interpretation des Genres der Sammelkartenspiele. In diesem Modus baust du dein Traumteam auf, indem du Spielerkarten verdienst und kaufst und diese Karten dann verwendest, um einen Trupp zu bilden. Die Herausforderung besteht darin, die Chemie deines Teams, die Statistiken und die Art und Weise, wie du neue Karten erhältst, zu verwalten. Es ist ein fantastischer Modus für kompetitive Spieler, die ihre Aufstellung verfeinern und einen starken Kader aufbauen möchten.

- o **Profi-Tipp**: Konzentrieren Sie sich frühzeitig auf den Aufbau eines ausgewogenen Teams. Jage nicht nur hochkarätigen Spielern hinterher –

Chemie und Teamfit sind entscheidend für den Erfolg in MUT.

4. **The Yard**: *The Yard* ist ein neuer Modus, der Teil des *Arcade-Erlebnisses von Madden NFL ist* . Es nimmt das typische Fußballspiel und fügt eine unterhaltsame Wendung hinzu, indem es 6v6-Spiele auf einzigartigen, kleineren Feldern mit weniger Regeln bietet. Es geht mehr um rasante Action als um Strategie, perfekt für diejenigen, die eine schnelle Pause von den ernsthafteren Modi suchen.

5. **Superstar KO**: Dies ist ein unterhaltsamer und schneller Modus, in dem die Spieler in Ausscheidungsturnieren gegeneinander antreten. Du baust ein Team auf und trittst in schnellen, actiongeladenen Spielen gegen andere an. Betrachten Sie es als *Maddens* Version eines Battle Royale im Football.

6. **Online-Spiel**: Wenn es dich juckt, deine Fähigkeiten online unter Beweis zu stellen und gegen andere Spieler weltweit anzutreten, bieten die *Online-Modi von Madden NFL* verschiedene Möglichkeiten, dein Können auf die Probe zu stellen. Du kannst dich in Ranglisten-Matches stürzen oder in Ligen spielen,

aber sei vorbereitet – das Online-Spiel erfordert solide Kenntnisse des Spiels und schnelle Reflexe.

7. **Einstellungen**: Im Menü "Einstellungen" finden Sie alle wichtigen Optionen, um Ihr Spielerlebnis zu personalisieren. Egal, ob du den Schwierigkeitsgrad anpasst, die Audioeinstellungen abstimmst oder die Steuerungseinstellungen anpasst, hier machst du das Spiel zu deinem eigenen.

8. **Tutorials**: Wenn du neu in *Madden NFL bist* oder deine Fähigkeiten auffrischen möchtest, ist der Tutorial-Bereich eine großartige Ressource. Es behandelt die Grundlagen, vom Verständnis der Fußballregeln bis hin zur Beherrschung fortgeschrittener Spielmechaniken wie offensiven Spielzügen und defensiven Formationen. Überspringen Sie nicht die Tutorials – sie legen den Grundstein für ein erfolgreiches Spielerlebnis.

Grundlegendes zur Benutzeroberfläche und den Steuerelementen

Sobald du dich mit dem Hauptmenü vertraut gemacht und die Spielmodi erkundet hast, ist es an der Zeit, in die Benutzeroberfläche und die Steuerung einzutauchen. Hier trifft der Gummi auf die Straße, und ein solides Verständnis der Steuerung des Spiels ist für den Erfolg unerlässlich.

Die Aufschlüsselung der Schnittstelle

In der Hitze des Gefechts mag die Benutzeroberfläche auf den ersten Blick überwältigend erscheinen, aber mit ein wenig Übung wird sie zur zweiten Natur.

1. **Play-Call-Bildschirm**: In der Offensive siehst du eine Liste von Spielzügen, aus denen du auswählen kannst. Abhängig von der Formation und der Strategie, die Sie verwenden möchten, können Sie auf diesem Bildschirm schnell Ihr Spiel auswählen. Du siehst Symbole, die Lauf- und Passspiele darstellen, und du kannst mit dem Controller durch sie scrollen, um das zu finden, das am besten zur Situation passt.

2. **Aktionsleiste**: Am oberen Rand des Bildschirms sehen Sie eine Aktionsleiste, die die verbleibende Zeit im Quartal, den Spielstand und andere wichtige Details anzeigt. Achten Sie darauf, um über den Fortschritt Ihres Spiels informiert zu bleiben und klügere Entscheidungen zu treffen, insbesondere wenn Sie im Spiel zurückliegen.

3. **Spielersymbole**: Die Symbole deiner Spieler erscheinen in Form von kleinen Kreisen auf dem Bildschirm. Diese zeigen ihre aktuellen Positionen und sind sowohl für das offensive als auch für das defensive Spiel entscheidend. Zu wissen, welchen Spieler du jederzeit kontrollierst, ist der Schlüssel zur effektiven Ausführung deiner Züge.

4. **Benachrichtigungen auf dem Spielfeld**: Im Laufe des Spiels siehst du hilfreiche Benachrichtigungen auf dem Spielfeld. Diese können von spielerspezifischen Tipps (wie "Drücke X, um den Zweikampf zu brechen") bis hin zu spielspezifischen Details (wie "Dein Gegner drückt stark auf die Verteidigung") reichen.

Beherrschung der Steuerung

Kommen wir nun zur eigentlichen Steuerung – dem wichtigsten Teil eines jeden Sportspiels. Hier ist eine Aufschlüsselung der Grundlagen:

Offensive Steuerung:

- **Passen**: Bei den meisten Controllern kannst du mit dem rechten Stick zielen, wo du den Ball hinwerfen möchtest. Sobald du ein Ziel ausgewählt hast, drücke die entsprechende Taste, um zu werfen. Tippen Sie für einen kurzen Pass, halten Sie für einen tiefen Wurf.

- **Laufen**: Der linke Stick steuert deine Laufrichtung. Verwende die R2/RT-Taste, um zu sprinten, während du mit L2/LT sanfter die Richtung wechseln kannst. Du musst die Kunst des Jukings und des Stiff-Armings beherrschen, um Tackles auszuweichen.
- **Blocken**: In der Offensive bist du auch für das Blocken verantwortlich. Verwende die R1/RB-Taste, um deine Offensive Linemen zu steuern und den Quarterback oder Running Back zu schützen.
- **Audibles und Hot Routes**: Wenn Sie einen Spielzug an der Line of Scrimmage ändern möchten, drücken Sie die L1/LB-Taste, um auf Audibles zuzugreifen. Du kannst auch Anpassungen an den Routen deiner Receiver vornehmen, indem du ihre Symbole vor dem Snap auswählst.

Defensive Steuerung:

- **Tackling**: In der Verteidigung kannst du deinen Tackle-Ansatz mit dem rechten Stick steuern – setze dich für einen großen Hit auf oder benutze die X/A-Taste, um einen Dive Tackle zu machen.
- **Pass Rush**: Die Defensive Line ist der Ort, an dem der meiste Druck ausgeübt wird. Benutze den rechten Thumbstick, um Blocker für einen Pass Rush zu wischen

und zu überwinden. Behalte die Offensive Line im Auge, um deinen Rush zu timen und schnell zum Quarterback zu gelangen.

- **Abdeckung**: In der Verteidigung kannst du deinen Verteidiger mit dem linken Stick bewegen. Du musst Pässe antizipieren, tiefe Routen abdecken und wichtige Interceptions machen. Wenn du manuell zwischen den Spielern wechselst (mit der L1/LB-Taste), kannst du während des Spiels die Kontrolle über verschiedene Verteidiger übernehmen.

Kapitel 2: Erkunden der Spielmodi

Willkommen im Herzen von Madden NFL. Jetzt, da du das Spiel eingerichtet und dich mit der Steuerung und der Benutzeroberfläche vertraut gemacht hast, ist es an der Zeit, tief in die Spielmodi einzutauchen, die dein *Madden-Erlebnis prägen werden* . Egal, ob du ein Neuling oder ein erfahrener Veteran bist, das Verständnis und die Beherrschung der verschiedenen Spielmodi ist unerlässlich, um das Beste aus deiner Zeit auf dem virtuellen Spielfeld herauszuholen.

In diesem Kapitel werden wir uns die fünf wichtigsten Spielmodi in *Madden NFL ansehen*: **Franchise-Modus, Ultimate Team (MUT), Jetzt spielen, Superstar-Modus** und **Online-Spiel**. Jeder Modus bietet ein einzigartiges Erlebnis, von der Verwaltung deines eigenen NFL-Teams über mehrere Saisons bis hin zum Aufbau deines Traumkaders mit Sammelkarten. Jeder Modus erfordert unterschiedliche Strategien und Fähigkeiten, also lassen Sie uns sie aufschlüsseln und besprechen, wie Sie das Beste aus ihnen herausholen können.

Franchise-Modus: Baue deine Dynastie auf

Der Franchise-Modus ist der wahre Test für das strategische Denken eines jeden Madden-Spielers. Hier kannst du in die langjährige Erfahrung eintauchen, ein NFL-Team zu managen, vom Draft und der Offseason bis hin zur regulären Saison und den Playoffs. Egal, ob du zum ersten Mal spielst oder ein Veteran der Franchise bist, in diesem Modus kannst du dein Team verwalten, wichtige Entscheidungen treffen und deine Franchise zu Größe führen.

Erste Schritte im Franchise-Modus

Zu Beginn hast du die Wahl, entweder ein bestehendes NFL-Team zu steuern oder ein neues Franchise von Grund auf neu zu erstellen. Während die Auswahl eines etablierten Teams Ihnen den Vorteil eines vorgefertigten Kaders verschafft, können Sie mit einem benutzerdefinierten Franchise ein Team mit einem Neuanfang aufbauen - perfekt für diejenigen, die eine Herausforderung suchen.

Sobald du dein Team ausgewählt hast, ist es an der Zeit, dich mit der Benutzeroberfläche des Franchise-Modus vertraut zu machen. Du siehst Optionen, um deinen Kader zu verwalten,

College-Spieler zu scouten, Trades zu tätigen, Free Agents zu verpflichten und sogar über den Trainerstab zu entscheiden. Das Menü ist so organisiert, dass Sie schnell zwischen den verschiedenen Aufgaben navigieren können, die zum Aufbau einer Meisterschaftsmannschaft erforderlich sind.

Verwalten Sie Ihren Dienstplan

Der erste und wichtigste Teil des Franchise-Modus ist die Verwaltung deines Kaders. Du musst die Leistung der Spieler bewerten, für Spieler tauschen, Free Agents verpflichten und Draft-Picks treffen, die dein Team verbessern.

Hier ist eine Aufschlüsselung der wichtigsten Maßnahmen:

1. **Scouting und Drafting**: Der NFL Draft ist entscheidend für den Aufbau einer langfristigen Dynastie. Nutzen Sie Ihr Scouting-Netzwerk, um College-Spieler zu bewerten und Interessenten zu finden, die den Bedürfnissen Ihres Teams entsprechen. Egal, ob du einen Quarterback brauchst, der deine Offense anführt, oder einen Star-

Linebacker, um deine Defense zu verstärken, es ist wichtig zu wissen, wen du im Draft auswählen musst. Suchen Sie nach Spielern mit hohem Potenzial und guter Passform in Ihrem System. Behalte die Combine-Ergebnisse und die einzelnen Workouts im Auge, da sie dir mehr Einblick in die Fähigkeiten eines Spielers geben.

2. **Trades und Free Agents**: Spieler-Trades und Free Agency sind deine Werkzeuge, um den Kader in der Mitte der Saison zu verbessern. Gehen Sie bei Ihren Trades strategisch vor – erwerben Sie nicht nur Stars. Manchmal kann der Trade für einen großartigen Tiefenspieler oder einen Spieler, der einen positionellen Bedarf erfüllt, den Unterschied in einer erfolgreichen Saison ausmachen. Während der Free Agency solltest du versuchen, Spieler zu verpflichten, deren Fähigkeiten mit deinem Spielstil übereinstimmen. Aber vergessen Sie nicht die Gehaltsobergrenze. Es ist leicht, zu viel Geld für namhafte Spieler auszugeben, aber es ist wichtig, Ihr Budget zu verwalten und sicherzustellen, dass Sie Ihr Team nicht finanziell in den Bann ziehen.

3. **Teamchemie und Coaching**: Erfolgreiche Franchises bauen auf einer starken Teamchemie auf.

Stelle sicher, dass deine Spieler auf dem Feld gut zusammenarbeiten, und achte auf die Chemie zwischen den Schlüsselspielern (wie dem QB und dem WR). Darüber hinaus kann die Einstellung des richtigen Trainerstabs den Erfolg Ihres Teams beeinflussen. Suche nach Trainern, die deinen Spielstil ergänzen, egal ob es sich um einen starken offensiven oder defensiven Ansatz handelt.

4. **Simulation der Saison**: Der Franchise-Modus ermöglicht es Ihnen, Spiele und ganze Saisons zu simulieren, was Ihnen die Möglichkeit gibt, die Spiele zu umgehen und sich auf die Managementaspekte zu konzentrieren. Wenn du deine Erfahrung beschleunigen oder schnell durch ein paar Saisons kommen möchtest, kannst du die Spiele simulieren, aber behalte immer die Leistung deines Teams im Auge. Wenn du zu viele Spiele verlierst oder die Playoffs verpasst, könntest du gezwungen sein, deine Kaderentscheidungen zu überdenken.

Den Super Bowl gewinnen

Letztendlich ist es das Ziel des Franchise-Modus, dein Team zum Super Bowl zu führen. Aber es geht nicht nur darum, eine Gruppe großartiger Spieler zusammenzustellen, sondern auch darum, sie zu managen, die eigene Strategie anzupassen und intelligenten Fußball zu spielen. Du musst taktische Entscheidungen treffen, die sich auf den Ausgang jedes Spiels auswirken, und sicherstellen, dass dein Kader tief genug ist, um mit Verletzungen und unerwarteten Ereignissen fertig zu werden.

Profi-Tipp: Wenn es an der Zeit ist, in der Nachsaison zu spielen, vergiss nicht, deinen Spielfilm zu nutzen. Studiere die bisherigen Playoff-Spiele deines Gegners, um seine Schwächen zu identifizieren. Passe deinen Spielplan an, um diese Schwächen im Super Bowl auszunutzen, und du bist dem Aufbau deiner Dynastie einen Schritt näher gekommen.

Ultimate Team (MUT): Zusammenstellung des ultimativen Kaders

Ultimate Team (MUT) ist der Ort, an dem *Madden NFL* für Spieler glänzt, die gerne sammeln und anpassen. In MUT baust du dein Traumteam auf, indem du Spielerkarten sammelst, sie aufrüstest und in verschiedenen Modi gegen andere Spieler kämpfst.

Beginnend mit MUT

Wenn du MUT zum ersten Mal betrittst, erhältst du ein grundlegendes Starterpaket mit Spielerkarten, um loszulegen. Von da an beginnt der eigentliche Spaß. Du musst Spielwährung (Münzen) und andere Belohnungen verdienen, um neue Spielerkarten zu erwerben, Sets zu vervollständigen und dein Team zu verbessern.

Hauptmerkmale von MUT:

1. **Spielerkarten und Chemie**: Die Spieler werden als Karten in MUT dargestellt, jede mit ihren eigenen Attributen (Geschwindigkeit, Stärke, Fangen usw.). Du kannst deinen Trupp aufbauen, indem du Packs kaufst oder Herausforderungen abschließt, um neue Karten zu verdienen. Die Chemie ist ein großer Teil des Spiels in MUT – der Aufbau eines Teams mit Spielern aus demselben Team oder bestimmten Positionen kann deinem Trupp Aufwertungen verleihen und ihn mächtiger machen.

2. **Abschließen von Herausforderungen und Zielen**: Um Belohnungen zu erhalten, musst du tägliche, wöchentliche und saisonale Ziele erfüllen. Diese Aufgaben reichen von einfachen Zielen wie dem Erzielen einer bestimmten Anzahl von Touchdowns bis hin zu komplexeren Zielen, bei denen Sie eine

Reihe von Spielen gewinnen müssen. Wenn du diese Ziele erfüllst, erhältst du Münzen, Packs und Erfahrungspunkte, mit denen du deinen MUT-Trupp aufleveln kannst.

3. **Auktionshaus**: Das Auktionshaus ist ein Schlüsselelement von MUT. Hier kannst du Spieler, Trainer und andere wertvolle Gegenstände kaufen und verkaufen. Wenn du versuchst, ein bestimmtes Spielerset zu vervollständigen oder einen Starspieler zu gewinnen, ist das Auktionshaus dein Marktplatz. Sie können auf Artikel bieten oder Ihre eigenen Preise festlegen, um Ihre eigenen Karten an andere zu verkaufen.

4. **Solo-Kämpfe und Kopf-an-Kopf-Duelle**: Du kannst die Stärke deines Trupps gegen die KI in Solo-Kämpfen testen oder in Kopf-an-Kopf-Matches gegen andere menschliche Spieler antreten. In diesen Modi kannst du Belohnungen verdienen und in den Rängen aufsteigen, wobei du im Laufe der Zeit im Schwierigkeitsgrad aufsteigst.

Coins verdienen und ausgeben

Münzen sind das Lebenselixier von MUT. Du verdienst sie, indem du Herausforderungen abschließt, Spiele gewinnst oder unerwünschte Spielerkarten im Auktionshaus verkaufst. Der Schlüssel ist, dass Sie Ihre Ausgaben klug planen. Verschwende deine Münzen nicht für zufällige Packs – setze sie strategisch ein, um Lücken in deinem Kader zu füllen oder Sets für hochwertige Belohnungen zu vervollständigen.

Profi-Tipp: Nehmen Sie sich Zeit, um ein ausgewogenes Team aufzubauen. Konzentriere dich nicht nur auf hochkarätige Spieler, sondern stelle sicher, dass du deinen Kader mit ergänzenden Spielern zusammenstellst, die zu deinem System passen. Die Chemie ist der Schlüssel, und ein gutes Team ist effektiver als nur eine Ansammlung von Superstars.

Jetzt spielen: Schnelle Spiele und Freundschaftsspiele

Manchmal möchte man einfach nur in ein schnelles Spiel einsteigen, ohne sich um die langfristigen Verpflichtungen von Franchise oder MUT kümmern zu müssen. Hier **kommt Play Now** ins Spiel. Es ist der perfekte Modus für ein schnelles, zwangloses Fußballspiel.

So verwenden Sie Play Now

Wenn du "Jetzt spielen" **auswählst**, kannst du entweder ein einzelnes Spiel spielen oder eine Mini-Saison mit Freunden starten. Du kannst aus einer Vielzahl von Teams wählen, darunter alle 32 NFL-Teams, Legenden und manchmal auch benutzerdefinierte Teams.

1. **Lokaler Mehrspieler**: Jetzt spielen ermöglicht es dir, gegen einen Freund im Splitscreen-Format zu spielen. Es eignet sich hervorragend für freundschaftliche Wettkämpfe, egal ob Sie auf der Couch sitzen oder einen Spieleabend veranstalten.

2. **Solo Play**: Du kannst auch Einzelspieler-Spiele spielen, in denen du das gesamte Team steuerst und gegen die KI oder die Teams anderer Spieler spielst.

Profi-Tipp: Wenn du gerade erst mit Madden NFL anfängst, ist Play Now eine großartige Möglichkeit, deine Fähigkeiten zu üben und zu verbessern. Das schnelle Tempo und die kurzen Spielzeiten machen es ideal, um die Steuerung ohne den Druck langfristiger Entscheidungen zu erlernen. Außerdem kannst du den Schwierigkeitsgrad jederzeit an dein Erfahrungslevel anpassen.

Superstar-Modus: Bring deine Karriere voran

Im Superstar-Modus schlüpfst du in die Rolle eines Einzelspielers – deines eigenen, maßgeschneiderten Athleten. Du verfolgst die Karriere deines Spielers von dem Moment an, in dem er in die NFL gedraftet wird, bis hin zu seiner Reise durch die Saisons und darüber hinaus. Es geht darum, deinen Spieler zum besten der Liga zu machen, Großes zu erreichen und deine Karriere zu gestalten.

Superstar-Modus spielen

Im Superstar-Modus erstellst du zunächst deinen Spieler und passt sein Aussehen, seine Position und seine Fähigkeiten an. Du beginnst deine Karriere als Rookie und je nach deinen Leistungen in Trainingslagern und Spielen steigst du auf, um eine NFL-Legende zu werden.

1. **Training und Aufwertung**: In jeder Saison hast du die Möglichkeit, die Werte deiner Spieler zu verbessern, indem du Trainingsübungen absolvierst. Je mehr du dich auf bestimmte Aspekte des Spiels deiner Spieler konzentrierst – sei es Werfen, Laufen oder Verteidigen –, desto besser werden sie auf dem Feld abschneiden.

2. **Wichtige Entscheidungen treffen**: Als Superstar stehen Sie vor Entscheidungen, die sich auf Ihre

Karriere auswirken, wie z. B. Vertragsverhandlungen, Werbeverträge und Aktivitäten außerhalb des Spielfelds. Diese Entscheidungen beeinflussen deinen Karriereverlauf und wie du von Fans, Teamkollegen und Trainern wahrgenommen wirst.

3. **Aufbau von Beziehungen: Die** Teamchemie ist auch im Superstar-Modus wichtig. Dein Spieler wird mit Trainern und Teamkollegen interagieren, und wie du mit diesen Beziehungen umgehst, kann sich auf deine Leistung auswirken.

Das ultimative Ziel

Das ultimative Ziel im Superstar-Modus ist es, deinen Spieler zu Größe zu führen, sei es der Gewinn der MVP-Auszeichnung, der Gewinn des Super Bowls, der Gewinn deines Teams in den Super Bowl oder das Brechen von Ligarekorden. Der Erfolg im Superstar-Modus ist eine persönliche Reise – spiele klug, trainiere hart und triff abseits des Spielfelds die richtigen Entscheidungen, um eine legendäre Karriere zu sichern.

Online-Spiel: Gegen die Welt antreten

Für diejenigen, die eine echte Herausforderung suchen, ist das Online-Spiel der ultimative Test Ihrer Fähigkeiten. Egal, ob du in Ranglistenspielen oder Turnieren antrittst, der Kampf gegen menschliche Gegner sorgt für ein ganz neues Maß an Spannung und Schwierigkeit.

Online-Modi und -Funktionen

1. **Kopf-an-Kopf-Ranglistenspiele**: In diesem Modus trittst du online gegen andere Spieler an und sammelst mit jedem Sieg oder jeder Niederlage Ranglistenpunkte. Je höher du aufsteigst, desto härter werden deine Gegner.
2. **Ligen und Turniere**: Für Spieler, die ein strukturierteres Erlebnis suchen, *bietet Madden NFL* Online-Ligen und -Turniere, in denen du gegen Spieler aus der ganzen Welt antreten kannst.
3. **Ultimate Team Online**: Wenn du MUT spielst, kannst du die Teams anderer Spieler in Online-Matches herausfordern. Wenn du diese Matches gewinnst, erhältst du Belohnungen und hast die Chance, in der Rangliste aufzusteigen.

Profi-Tipp: Online-Spiele können intensiv sein, lassen Sie sich also nicht von Niederlagen entmutigen. Konzentriere dich darauf, deine Fähigkeiten zu verbessern und aus jedem Spiel zu lernen. Passe dich an verschiedene Spielstile an und verfeinere deine Strategien, um deine Gegner zu überlisten.

Kapitel 3: Beherrschung der Grundlagen

Um in Madden NFL *wirklich zu glänzen*, reicht es nicht aus, nur zu wissen, wie man spielt. Du musst die Feinheiten der Spielmechanik verstehen und ein tiefes Verständnis sowohl der offensiven als auch der defensiven Strategien haben, die dir helfen können, zu dominieren. Dieses Kapitel führt dich durch die wichtigsten Grundlagen von *Madden NFL* – die Fähigkeiten und Strategien, die dir zum Erfolg verhelfen, egal ob du alleine oder online gegen Freunde spielst.

Wir beginnen mit den Grundlagen der Offense – Passen, Laufen und Playcalling – und gehen dann zu den Grundlagen der Defense über. Wir werden uns auch mit den Special Teams befassen, einem oft übersehenen, aber entscheidenden Element des Spiels. Zu guter Letzt schauen wir uns an, wie man den Spielfluss und die Strategie verwaltet, um in jeder Phase des Spiels kluge Entscheidungen zu treffen. Fangen wir an.

Offensive Basics: Passen, Laufen und Playcalling

Auf der offensiven Seite des Balls bestimmst du das Tempo des Spiels. Egal, ob du den perfekten Pass wirfst, Tackles auf dem Boden zerstörst oder die richtigen Spielzüge ansagst, um deinen Gegner zu überlisten, wenn du diese Aspekte der Offense beherrschst, kannst du den Ball nach unten bewegen und mit Leichtigkeit Touchdowns erzielen. Schauen wir uns die Schlüsselkomponenten einer erfolgreichen Offense in *Madden NFL an*.

Passen: Präzision und Timing

Das Passspiel ist einer der wichtigsten Aspekte jeder *Madden-Offense* . Aber es geht nicht nur darum, einen Knopf zu drücken und zu hoffen, dass der Receiver den Ball fängt. Es geht darum, die Verteidigung zu lesen, schnelle Entscheidungen zu treffen und mit Präzision auszuführen. Hier sind einige wichtige Dinge, die Sie beachten sollten:

1. **Quarterback-Mechanik:** Der rechte Thumbstick steuert die Sicht deines QBs, während der linke Thumbstick deinen Spieler in der Tasche bewegt. Drücken Sie die entsprechende Taste, um den Ball zu

Ihrem gewünschten Empfänger zu werfen. Je präziser du mit deinen Würfen bist, desto besser sind die Chancen, dass dein Receiver ihn fängt.

2. **Verschiedene Arten von Würfen**: *Madden* bietet dir eine Vielzahl von Wurfoptionen:

   o **Touch-Pass** (L1 oder LB): Zielt auf tiefe Würfe oder Pässe über die Köpfe der Verteidiger ab.

   o **Bullet Pass** (R1 oder RB): Schnelle, harte Würfe für schnelle Treffer oder sich schnell bewegende Ziele.

   o **Lob Pass** (Halten Sie die Pass-Taste gedrückt): Ein hoch gewölbter Wurf, bei dem der Ball in die Hände Ihres Receivers fallen gelassen werden kann.

3. **Die Verteidigung lesen**: Bevor du den Ball wirfst, nimm dir einen Moment Zeit, um die Verteidigung zu bewerten. Sind sie in der Zonendeckung oder in der Manndeckung? Ein gut getimter Lob-Pass könnte gegen eine Zonenverteidigung ideal sein, während ein schneller Bullet-Pass perfekt gegen Mann-zu-Mann-Deckung sein könnte.

4. **Empfängerrouten**: Achten Sie genau auf die Routen, die Ihre Empfänger ausführen. Bestimmte Routen funktionieren in bestimmten Situationen am besten:

- Schrägen eignen sich hervorragend für schnelle, kurze Pässe über die Mitte.
- **Post-Routen** sind effektiv gegen Zonenverteidigungen.
- **Go-Routen** (direkt über das Feld) eignen sich gut für tiefe Würfe.

5. **Audibles und Hot Routes**: Manchmal funktioniert der Spielzug, den du angerufen hast, einfach nicht. Verwenden Sie Audibles (L1 oder LB), um zu einem besseren Spielzug an der Line of Scrimmage zu wechseln. Sie können auch die Route eines Receivers mit Hot Routes ändern (drücken Sie die dem Receiver zugewiesene Taste und wählen Sie die neue Route aus), um sie im Handumdrehen an die Verteidigung anzupassen.

6. **Die Tasche und der Druck**: Wenn du dich zurückfallen lässt, um zu passen, achte auf den Druck um dich herum. Zögern Sie nicht, in die Tasche zu greifen, um sich mehr Zeit zu verschaffen. Verwenden Sie den linken Thumbstick, um Säcke zu vermeiden, indem Sie sich seitlich oder vorwärts in der Tasche bewegen. Wenn die Defense schnell zusammenrückt, wirf den Ball weg oder versuche, einen schnellen Pass zu spielen, um einen Sack zu vermeiden.

Profi-Tipp: Es ist entscheidend, das Timing deiner Würfe zu beherrschen. Wenn du zu früh oder zu spät wirfst, ist dein Receiver möglicherweise nicht in der Lage, den Ball zu fangen, was zu Unvollständigkeiten oder Ballverlusten führt.

Laufen: Das Bodenspiel dominieren

Das Laufspiel in *Madden NFL* ist genauso wichtig wie das Passspiel. Obwohl es oft als weniger aufregend angesehen wird als das Werfen des Balls, kann ein effektives Laufen des Balls die Verteidigung des Gegners zermürben und später große Spielzüge vorbereiten.

1. **Running Back Mechanik:** Der linke Stick steuert deine Laufrichtung. Mit dem rechten Thumbstick kannst du Jukes, Spins und Stiff Arms ausführen, während die Trigger-Tasten (R2/RT) zum Sprinten verwendet werden. Wenn du diese Mechanik beherrschst, kannst du Verteidiger verfehlen lassen und kurze Läufe in große Gewinne verwandeln.

2. **Lesen der Blöcke:** Wenn du den Ball laufen lässt, achte auf die Offensive Line und wo sie blockt. Halte Ausschau nach Laufwegen und versuche, Lücken in der Verteidigung auszunutzen. Wenn du nach außen

rennst, sei darauf vorbereitet, dass die Verteidiger versuchen, die Kante zu setzen und dich wieder nach innen zu zwingen, wo mehr Verkehr sein könnte.

3. **Stiff Arm und Juke Moves**: Verwende den rechten Thumbstick für die Stiff-Arm (gedrückt halten) und Juke Moves (nach links oder rechts streichen). Diese Moves können dir helfen, Tacklern auszuweichen und deine Läufe zu verlängern, aber sie müssen zum richtigen Zeitpunkt eingesetzt werden. Setze den steifen Arm ein, wenn ein Verteidiger in der Nähe ist, und den Juke, wenn du schnell an einem Verteidiger vorbeiziehen musst.

4. **Einsatz von Geschwindigkeit**: Geschwindigkeit ist entscheidend, um sich bei Läufen abzusetzen. Benutze die Sprinttaste (R2/RT), um zu beschleunigen, aber achte darauf, sie nicht zu früh zu drücken. Wenn du zu früh sprintest, kannst du leichter vorhersagen. Warten Sie stattdessen, bis Sie die Line of Scrimmage durchbrochen haben und einen klaren Weg vor sich haben.

5. **Ballsicherheit**: Wenn du die R2/RT-Taste während des Laufens gedrückt hältst, kannst du Fummeln vermeiden, aber sei vorsichtig. Wenn du rücksichtslos sprintest, riskierst du zu fummeln,

wenn du getroffen wirst. Du kannst auch die "Deckungskugel"-Mechanik (L2/LT halten) verwenden, um ihn zu schützen, wenn du durch den Verkehr fährst.

Profi-Tipp: Den Ball effektiv laufen zu lassen, bereitet das Passspiel vor. Nutze Play-Action, um die Defense so zu täuschen, dass sie denkt, dass du rennst, und wirf dann tief auf das Feld, um sie zu überrumpeln.

Playcalling: Die richtige Strategie entwickeln

Erfolgreiches Playcalling ist der Schlüssel zu jeder *Madden NFL-Offense* . Es ist zwar einfach, sich auf ein paar Go-to-Plays zu verlassen, aber zu wissen, wann man den richtigen Spielzug zur richtigen Zeit callt, ist ein großer Teil deines Erfolgs.

1. **Kennen Sie Ihre Stärken**: Wenn Sie Spielzüge ansagen, sollten Sie die Stärken Ihres Teams berücksichtigen. Wenn du einen starken Running Back hast, zögere nicht, viele Running Plays zu callen. Wenn du einen großartigen Quarterback und Wide Receiver hast, konzentriere dich auf

Passspielzüge mit Routen, die ihre Stärken hervorheben.

2. **Spielzüge verwechseln**: Verlassen Sie sich nicht immer wieder auf die gleichen Spielzüge. Je mehr du dein Playcalling durcheinander bringst, desto schwieriger wird es für die Defense, deinen nächsten Zug vorherzusagen. Ein ausgewogener Angriff mit einer guten Kombination aus Lauf- und Passspiel hält die Defense auf Trab.

3. **Situatives Playcalling**: In kritischen Situationen, wie z. B. einem Third Down oder einem zweiminütigen Drill, solltest du Spielzüge verwenden, die darauf ausgelegt sind, schnell Yards zu gewinnen. Kurze Schräglagen, schnelle Outs und Curl-Routen eignen sich gut für Third-and-Short-Situationen, während Go-Routen und tiefe Pässe ideal für längere Distanzen sind.

Defensive Essentials: Den Angriff des Gegners stoppen

Nachdem wir uns nun mit der Offense befasst haben, wollen wir über die andere Seite des Balls sprechen. Eine starke Verteidigung ist in *Madden NFL unerlässlich* – nicht nur, um die Offensive deines Gegners zu stoppen, sondern auch, um deine eigene Offense mit einer besseren Feldposition vorzubereiten. Schauen wir uns an, wie man die Gegner stoppen kann.

Grundlegende defensive Steuerung

1. **Kontrolle des Spielers**: In der Verteidigung steuerst du die defensiven Spieler direkt. Mit dem rechten Thumbstick kannst du deinen Spieler bewegen, während du mit dem linken Thumbstick den Defensive Back oder Linebacker steuern kannst, um das Feld abzudecken.

2. **Tackling**: Verwende die X-Taste (oder das Quadrat für PlayStation) für Standard-Tackles. Wenn du einen aggressiveren Treffer erzielen möchtest, halte die Kreistaste (oder O für PlayStation) gedrückt. Achte darauf, dass du deine Treffer richtig timst – wenn du zu schnell angreifst, kann das zu verpassten Tackles führen.

3. **Swatting und Interceptions**: Drücke Dreieck (Y für Xbox), um eine Interception zu versuchen, oder Quadrat (X für Xbox), um den Ball wegzuschlagen. Abgefangene Pässe können das Spiel schnell drehen, aber sie erfordern ein gutes Timing.

4. **Pass Rush**: Verwende die R2/RT-Taste, um deine Defensive Linemen zu steuern und den Quarterback zu rushen. Sie können auch den rechten Thumbstick verwenden, um Blocker zu wischen und zu entfernen. Wenn man Druck auf den QB ausübt, werden übereilte Pässe erzwungen und es entstehen Möglichkeiten für Interceptions.

Defensive Schemata und Strategien

1. **Mann-zu-Mann-Deckung**: Dieses Schema ermöglicht es jedem Defensivspieler, einen bestimmten Offensivspieler zu decken. Es ist großartig, um schnelle Überholmanöver zu stoppen, aber es kann dich anfällig für tiefe Routen oder Kreuzungsmuster machen. Verwechsle die Manndeckung mit der Zone, um die Offense zu verwirren.

2. **Zonenabdeckung**: Bei der Zonenabdeckung decken deine Verteidiger bestimmte Bereiche des Feldes ab und nicht einzelne Spieler. Dies kann großartig sein, um tiefe Pässe abzuwehren oder Routen zu kreuzen. Seien Sie jedoch vorsichtig, denn es kann Platz für schnelle Schräglagen oder Läufe lassen.

3. **Blitzing**: Beim Blitzen geht es darum, zusätzliche Spieler zu schicken, um den Quarterback zu rushen. Dies kann den Quarterback stark unter Druck setzen und sein Timing stören. Aber seien Sie vorsichtig: Wenn Sie zu oft blitzen, kann Ihr Sekundärblitz ungeschützt bleiben, also verwenden Sie es sparsam und zum richtigen Zeitpunkt.

4. **Defensive Line und Linebacker**: Die Defensive Line ist entscheidend, um Druck auf den Quarterback auszuüben. Konzentriere dich darauf, den rechten Stick zu verwenden, um Blocker zu bekämpfen und sie zu umgehen. In der Zwischenzeit können Linebacker eingesetzt werden, um die Mitte des Feldes abzudecken und den Lauf zu stoppen. Setze Linebacker in der Coverage ein, wenn nötig, aber vergiss nicht ihre Hauptrolle, wenn es darum geht, den Lauf zu stoppen.

Special Teams: Der vergessene Schlüssel zum Sieg

Special Teams werden von den Spielern oft übersehen, aber sie können eine entscheidende Rolle im Spiel spielen. Egal, ob du Field Goals schießt, Punting machst oder Kicks zurückgibst, Special Teams sind genauso wichtig wie die Offense und Defense. So meistern Sie Special Teams:

1. **Kicken**: Das Kicken in *Madden NFL* erfordert Präzision. Für Field Goals und Extrapunkte verwendest du den linken Thumbstick, um den Kick zu zielen, und den rechten Thumbstick, um die Kraft anzupassen. Übung ist der Schlüssel, um Field Goals aus der Distanz zu erzielen.

2. **Punting**: Beim Punting geht es darum, den Ball so weit wie möglich zu bringen und gleichzeitig zu versuchen, den Gegner tief in seinem eigenen Territorium festzunageln. Verwenden Sie den linken Thumbstick, um Ihren Punt anzuwinkeln, und den rechten Thumbstick, um die Leistung einzustellen. Genauigkeit ist der Schlüssel – zielen Sie auf die Seitenlinie, um große Renditen zu vermeiden.

3. **Kickoff und Returns**: Bei Kickoffs kannst du den linken Thumbstick verwenden, um deinen Spieler so zu positionieren, dass er den Ball kickt. Bei Returns kannst du die Sprint-Taste (R2/RT) verwenden, um nach unten zu stürmen, während du mit dem rechten Thumbstick schnelle Jukes oder Spins machst.

Spielablauf und Strategie verstehen

Um in Madden NFL *wirklich zu glänzen*, ist es wichtig zu verstehen, wie man das Tempo und den Spielfluss kontrolliert. Egal, ob Sie mit einem Touchdown zurückliegen oder nur wenige Minuten vor Schluss in Führung liegen, der Spielfluss kann den Unterschied zwischen Sieg und Niederlage ausmachen.

1. **Uhrenmanagement**: In kritischen Situationen ist die Steuerung der Uhr unerlässlich. Wenn du vorne liegst, lass den Ball laufen und lass die Uhr laufen. Wenn du zurückliegst, nutze schnelle Überholmanöver und beeile dich, um Zeit zu sparen.

2. **Anpassung an die Gegner**: Jeder Gegner hat seinen eigenen Spielstil. Wenn du bemerkst, dass sie konstant tief werfen, passe deine Coverage an. Wenn sie dir den Ball in den Rachen laufen lassen, bringe mehr Spieler in den Strafraum.

3. **Anpassungen vornehmen**: Scheuen Sie sich nicht, Ihr Playcalling zu ändern, je nachdem, was die Defense oder Offense tut. Wenn dein Gegner blitzt, fordere schnelle Pässe an. Wenn sie den Ball effektiv laufen lassen, wechseln Sie zu einer Verteidigung, die den Lauf stoppen kann.

Kapitel 4: Fortgeschrittene Strategien und Taktiken

Willkommen im Herzen von *Madden NFL*, wo die wahre Meisterschaft des Spiels liegt. Jetzt, da du ein solides Verständnis der Grundlagen hast, ist es an der Zeit, dein Gameplay auf die nächste Stufe zu heben. In diesem Kapitel konzentrieren wir uns auf die fortgeschrittenen Strategien und Taktiken, die deine Leistung steigern, egal ob du gegen die KI oder gegen menschliche Gegner spielst. Diese Taktiken ermöglichen es dir, das Tempo zu kontrollieren, deine Konkurrenz zu überlisten und die spielentscheidenden Spielzüge zu machen, die zum Sieg führen.

Wir behandeln vier Hauptbereiche: **Offensive Schemata**, **defensive Setups**, **Powerplays** und **Anpassung an deinen Gegner**. In diesen Elementen lernen Sie, wie Sie das volle Potenzial Ihres Playbooks ausschöpfen, in kritischen Situationen dominieren und ein intelligenterer, anpassungsfähigerer Spieler werden.

Offensive Schemes: Erschließung des dynamischen Playbook-Potenzials

Einer der aufregendsten Aspekte von *Madden NFL* ist die große Anzahl an offensiven Spielzügen, die dir zur Verfügung stehen. Der Schlüssel zur Beherrschung deiner Offense liegt darin, zu verstehen, wie du dein Playbook an die Stärken deines Teams, deinen Spielstil und die jeweilige Spielsituation anpassen kannst. Eine ausgewogene und dynamische Offensivstrategie kann den Unterschied ausmachen, ob man ein Spiel dominiert oder von einer Verteidigung ausgeschaltet wird.

Verstehen Sie Ihr Playbook

Dein Playbook ist dein Werkzeugkasten – deine Waffen, die du einsetzen kannst, wenn du sie brauchst. Jedes NFL-Team hat sein eigenes Playbook, und innerhalb dieses Playbooks gibt es mehrere Formationen, die für unterschiedliche Offensivstrategien entwickelt wurden.

So schöpfen Sie das volle Potenzial Ihres offensiven Playbooks aus:

1. **Erkunde verschiedene Formationen**: Bleibe nicht nur bei ein oder zwei Spielzügen, sondern erkunde alle verschiedenen Formationen, die dein Team verwenden kann. Wenn du zum Beispiel einen starken Running Back einsetzt, können die **I-Formation-** oder **Singleback-Formationen** ideal für Bodenangriffe sein. Wenn du dich auf ein schnelles Passspiel konzentrierst, könnte die **Shotgun-Formation** effektiver sein, um den Ball schnell zu deinen Receivern zu bringen.

2. **Nutze die Spielaktion zu deinem Vorteil**: Spielaktionen sind ein mächtiges Werkzeug in *Madden* – vor allem, wenn dein Gegner von dir erwartet, dass du den Ball laufen lässt. Es kann die Verteidigung einfrieren und weit offene Wege für Pässe schaffen. Spielaktionen sind am effektivsten, wenn dein Laufspiel funktioniert, da es für die Verteidigung schwierig ist, zu erkennen, ob du den Ball tatsächlich abgibst oder dich zurückfallen lässt, um zu passen.

3. **Mischen Sie Ihre Spielzüge auf**: Erfolgreiche Offenses in *Madden NFL* basieren auf Unberechenbarkeit. Verlasse dich nicht zu sehr auf einen Spielzug oder eine Formation. Wechseln Sie

zwischen Laufen und Passen, tiefen Schüssen und kurzen Pässen. Dein Gegner wird Schwierigkeiten haben, sich anzupassen, wenn er immer errät, was als nächstes kommt.

4. **Routenkombinationen**: Wenn du deine Passspielzüge entwirfst, konzentriere dich darauf, effektive Routenkombinationen zu erstellen. Zum Beispiel kann die Kombination einer Out-Route mit einer Post-Route bei den Verteidigern zu Verwirrung führen und sie dazu zwingen, sich zwischen der kurzen und der tiefen Route zu entscheiden. Kombinieren Sie auf ähnliche Weise kreuzende Routen mit Drags, um Räume zu öffnen und leichtere Würfe zu ermöglichen.

5. **Nutze Bewegung**: Bewegung kann dir helfen, zu erkennen, welche Art von Verteidigung dein Gegner läuft, und Diskrepanzen zu erzeugen. Nutze Bewegungen, um deine Spieler zu bewegen und beobachte, wie die Verteidigung reagiert. Wenn sich die Deckung deines Gegners dramatisch verschiebt, hast du vielleicht eine Lücke für einen schnellen Pass oder einen gut getimten Lauf.

Die Stärken Ihres Teams ausspielen

Jedes Team in *Madden NFL* hat unterschiedliche Stärken. Einige haben einen Elite-Quarterback, während andere einen starken Running Back oder ein dynamisches Receiving Corps haben. Der Schlüssel, um das volle Potenzial Ihres Playbooks auszuschöpfen, besteht darin, Ihr Offensivschema auf die Stärken Ihres Teams abzustimmen.

- **Quarterback-fokussierte Offense**: Wenn du einen Elite-Quarterback hast, konzentriere dich auf Passspielzüge, sowohl kurz als auch lang. Verwende Shotgun-Formationen und verteile das Feld, um die Fähigkeit deines QBs zu maximieren, Spielzüge aus der Tasche zu machen. Integrieren Sie Play-Action-Pässe, insbesondere bei First und Second Downs, um die Defense auf Trab zu halten.

- **Running Back-fokussierte Offense**: Wenn deine Stärke das Laufspiel ist, konzentriere dich auf Formationen, die es dir ermöglichen, effektiv zu laufen. Die **Sets Power I**, **I-Formation** und **Singleback** eignen sich hervorragend zum Laufen des Balls. Laufe mit Kraft, aber nutze auch Läufe von außen, um die Verteidigung zu strecken und Play-Action-Pässe vorzubereiten, um sie zu überrumpeln.

- **Ausgeglichene Offense**: Wenn du eine ausgewogene Offense hast, verwende eine Kombination aus Lauf- und Passspielzügen. Werden Sie nicht zu vorhersehbar, indem Sie sich zu sehr auf einen Stil festlegen. Verwende eine

Mischung aus verschiedenen Formationen und Spielzügen, um deinen Gegner im Unklaren zu lassen, und ändere das Tempo, wenn nötig.

Defensive Setups: Kontrolle der Linie und der Secondary

In der Verteidigung geht es darum, das Spiel zu kontrollieren – die Offensive des Gegners zu stoppen, bevor er eine Chance auf ein Tor hat. Anders als in den vorherigen Kapiteln, in denen wir kurz auf die Verteidigung eingegangen sind, erfordern fortgeschrittene Verteidigungsstrategien einen praktischeren Ansatz. Der Schlüssel zum Erfolg liegt in einer soliden Defensive, die den Spielfluss des Gegners stört und ihn zu Fehlern zwingt.

Dominanz an der Line of Scrimmage

Die Line of Scrimmage ist der Ort, an dem das Spiel oft gewonnen oder verloren wird. Egal, ob du dich gegen den Run verteidigst oder den Quarterback angreifst, der Kampf in den Schützengräben ist entscheidend.

1. **Kontrolle der Defensive Line**: Setze deine Defensive Linemen ein, um Druck auf den Quarterback auszuüben. Egal, ob du sie direkt

steuerst oder die KI die Arbeit machen lässt, konzentriere dich darauf, den richtigen Stick zu verwenden, um Blocker abzuschütteln und zum QB zu gelangen. Das Timing ist entscheidend – wenn du zu lange wartest, hat der QB den Pass vielleicht schon gemacht. Wenn du zu früh hetzt, könntest du die Tasche überrennen und den Sack verpassen.

2. **Den Run verteidigen**: Um den Run zu stoppen, musst du die Line of Scrimmage kontrollieren, indem du früh Penetration bekommst. Setze Defensive Tackles ein, um die Laufwege zu verstopfen, und Linebacker, um Lücken zu füllen, wenn der Ballträger versucht, Platz zu finden. Die **4-3** und **3-4** Defensivformationen sind ideal für die Verteidigung des Laufs, da sie mehr Spieler in die Box bringen und eine bessere Laufunterstützung bieten.

3. **Den Blitz aktivieren**: Wenn du blitzt, schickst du zusätzliche Verteidiger, um den Quarterback unter Druck zu setzen und sein Timing zu stören. Sei jedoch vorsichtig – wenn du zu oft blitzt, kann das deine Secondary verwundbar machen. Setze Blitze strategisch ein, z. B. wenn dein Gegner in

offensichtlichen Passsituationen ist oder wenn du einen Ballverlust erzeugen musst.

Herunterfahren des sekundären Servers

Deine sekundären Spieler, einschließlich Cornerbacks und Safeties, sind deine letzte Verteidigungslinie. Ein solides sekundäres Setup hilft dir, Passspiele zu unterbinden und große Gewinne zu verhindern.

1. **Mann-zu-Mann-Deckung**: Bei der Mann-zu-Mann-Deckung ist jeder Verteidiger für die Deckung eines bestimmten Receivers verantwortlich. Das ist effektiv, wenn du es mit schnellen, wendigen Receivern zu tun hast, aber es kann riskant sein, wenn deine Verteidiger nicht schnell genug sind. Setze Mann-gegen-Mann ein, wenn du Vertrauen in die Fähigkeit deiner Cornerbacks hast, beim Receiver zu bleiben.

2. **Zonenabdeckung**: Die Zonenabdeckung ermöglicht es Verteidigern, einen Bereich des Feldes abzudecken und nicht einen einzelnen Spieler. Dies ist eine gute Strategie, um gegen passlastige Offenses zu kontern. Die Zonendeckung kann den Quarterback auch verwirren und ihn dazu zwingen,

in die Deckung zu werfen. Kombiniere verschiedene Zonenschemata wie **Cover 2**, **Cover 3** und **Cover 4**, um die Offense im Unklaren zu lassen.

3. **Verteidiger wechseln**: Manchmal kann es notwendig sein, den Verteidiger manuell zu wechseln, um die Schlüsselkombinationen zu steuern. Wenn dein Gegner auf einen bestimmten Receiver abzielt, verwende die **L1/ LB-Taste**, um zu einem Cornerback oder Safety zu wechseln, der diesen Receiver abdeckt. Bleiben Sie in Position und passen Sie sie nach Bedarf an, um große Spielzüge zu verhindern.

4. **Spielen Sie den Ball**: Achten Sie immer auf die Position des Balls. Egal, ob du in der Zone oder in Manndeckung spielst, positioniere deine Spieler so, dass sie auf den Ball reagieren können. Benutze die **Dreieck/Y-Taste** , um Interceptions zu versuchen, oder **Quadrat/X** , um den Ball nach unten zu schlagen. Timing ist alles – versuche, den nächsten Schritt des Quarterbacks zu antizipieren.

Machtspiele: Wie man in kritischen Situationen dominiert

Powerplays sind so konzipiert, dass sie Ihnen in kritischen Momenten einen Vorteil verschaffen. Dies sind die Spielzüge, die du rufst, wenn du in den letzten Minuten des Spiels ein Third Down verwandeln, einen Touchdown erzielen oder einen knappen Vorsprung verteidigen musst. Zu wissen, wann man Powerplays anwählen muss, kann den Unterschied zwischen einem Sieg und einer Niederlage ausmachen.

Wichtige Powerplays für die Offense

1. **Power Running Plays**: Power Running Plays, wie z. B. Power **O** oder **Inside Zone**, sind darauf ausgelegt, Löcher in der Verteidigung zu schaffen und deinem Running Back zu ermöglichen, erhebliche Yards zu gewinnen. Diese Spielzüge sind effektiv, wenn du harte Yards auf dem Boden absolvieren musst. Führen Sie diese Spielzüge in Situationen mit kurzen Yards aus, wie z. B. Third-and-1 oder Fourth-and-1, wenn die Defense einen schnellen Treffer erwartet.

2. **Play Action**: Play Action funktioniert gut, wenn dein Gegner einen Run erwartet. Nach einem erfolgreichen Laufspiel kannst du einen Play-Action-Pass ansagen, um die Defense zu überrumpeln. Dies kann dazu führen, dass die Receiver im Downfield

weit offen sind, vor allem, wenn du den Ball effektiv laufen lässt.

3. **Tiefe Pässe**: Wenn du einen großen Spielzug brauchst, ist ein tiefer Pass oft der beste Weg. Verwende **Go Routes**, **Post Routes** oder **Fade Routes,** um die Defense zu dehnen und einen Receiver im Downfield anzuvisieren. Das Timing ist entscheidend – wirf den Ball im richtigen Moment, wenn der Receiver einen Schritt auf den Verteidiger macht.

Wichtige Powerplays für die Verteidigung

1. **Blitz-Pakete**: Wenn du schnell zum Quarterback kommen musst, kann ein gut getimter Blitz das Momentum des Spiels verändern. Verwende einen **Corner Blitz** oder **Middle Linebacker Blitz,** um zusätzlichen Druck auszuüben und den Quarterback zu einem überstürzten Wurf zu zwingen. Seien Sie nur vorsichtig – zu häufiges Blitzen kann Lücken in der Coverage hinterlassen.

2. **Torlinienverteidigung**: Wenn dein Gegner an die Tür klopft und versucht, ein Tor zu erzielen, verwende eine **Torlinienverteidigungsformation ,** um den Lauf zu stoppen und die Endzone zu

schützen. Bringe deine Linebacker näher an die Line of Scrimmage und fülle die Lücken, um einen Touchdown mit kurzen Yards zu verhindern.

Sich an den Gegner anpassen: Die Kunst des Konterspiels

Eine der fortgeschrittensten Fähigkeiten, die du als *Madden NFL-Spieler* entwickeln kannst , ist die Fähigkeit, deinen Spielplan an die Tendenzen deines Gegners anzupassen. Egal, ob du gegen die KI oder gegen Online-Gegner spielst, es ist wichtig, ihre Strategien zu erkennen und sie zu kontern, um die Nase vorn zu haben.

Die Tendenzen deines Gegners lesen

1. **Offensive Playcalling**: Achte darauf, wie dein Gegner Spielzüge callt. Laufen sie hauptsächlich den Ball oder konzentrieren sie sich auf das Passspiel? Bevorzugen sie eine bestimmte Seite des Feldes? Wenn du diese Muster erkennst, kannst du deine Verteidigung anpassen, um ihrer Strategie besser entgegenzuwirken.

2. **Defensive Anpassungen**: Wenn dein Gegner konsequent einen bestimmten Bereich deiner

Verteidigung angreift, passe deine Deckung an.
Wenn sie zum Beispiel nach außen werfen, wechsle
zu einer Zonendeckung oder presse Mann-zu-Mann-
Deckung. Wenn sie den Ball effektiv laufen lassen,
solltest du die Box mit Linebackern und Defensive
Linemen bestücken, um den Lauf zu stoppen.

3. **Schnelle Anpassungen**: In *Madden NFL* ist die
   Fähigkeit, schnelle Anpassungen im Handumdrehen
   vorzunehmen, der Schlüssel zum Erfolg. Verwenden
   Sie das **Audible-System** (L1/LB), um das Spiel an
   der Line of Scrimmage zu ändern und Ihre Offensiv-
   oder Defensivstrategie basierend auf dem zu
   optimieren, was Sie in Echtzeit sehen.

Erstellen von Diskrepanzen

Das Ziel eines jeden Spielplans ist es, Mismatches zu Ihren
Gunsten zu schaffen. Wenn die Verteidigung deines Gegners
auf den Außen schwach ist, wirf tiefe Pässe zu deinen
schnellsten Receivern. Wenn sie an der Line of Scrimmage
übermäßig aggressiv sind, rufen Sie Quick Slants oder
Screens, um von ihrem übermäßigen Engagement zu
profitieren.

Kapitel 5:

Dienstplanverwaltung

In *Madden NFL* liegt der Schlüssel zum Erfolg nicht nur darin, Spielzüge auf dem Feld gut auszuführen, sondern auch darin, deinen Kader effektiv zu verwalten. Während auffällige Spielzüge und Highlight-Reel-Momente Aufmerksamkeit erregen, wird der Aufbau und die Pflege eines abgerundeten, leistungsstarken Kaders dich zu beständigem Erfolg führen. Egal, ob du ein echtes NFL-Team im Franchise-Modus steuerst oder dein Ultimate Team (MUT) zusammenstellst, eine kluge Verwaltung deines Kaders ist eine wichtige Zutat für langfristigen Erfolg.

In diesem Kapitel werden die wesentlichen Elemente des **Roster Managements** aufgeschlüsselt. Wir gehen auf **Scouting und Drafting ein,** wo du lernst, wie du versteckte Schätze aufspürst und rekrutierst. Dann tauchen wir in **die Bereiche Trades und Spielerentwicklung ein** und zeigen, wie du die Zukunft deines Teams gestalten kannst. Wir schauen uns auch **die Bewertung von Spielerstatistiken an**, um dir zu helfen, zu verstehen, welche Bewertungen bei der Bewertung von Talenten am wichtigsten sind. Zu guter

Letzt besprechen wir, wie wichtig es ist, **die Chemie aufzubauen** und sicherzustellen, dass deine Spieler auf und neben dem Spielfeld effektiv zusammenarbeiten.

Scouting und Drafting: Versteckte Schätze finden

Der Aufbau eines Kaders, der die Meisterschaft gewinnt, beginnt mit der Suche nach den richtigen Talenten. Der Draft ist oft der aufregendste (und manchmal stressigste) Teil des Roster-Managements in *Madden NFL*. Egal, ob du dich im Franchise-Modus befindest oder nach Ultimate Team (MUT) suchst, die Suche nach den versteckten Juwelen – Spieler mit ungenutztem Potenzial oder Spieler, die die Erwartungen übertreffen – kann den Unterschied für deinen Erfolg ausmachen.

Wie man effektiv scoutet

1. **Verständnis des Spielerpotenzials**: Jeder Spieler, den du draftest oder unter Vertrag nimmst, hat eine versteckte Potenzialbewertung, die nicht immer offensichtlich ist. Spieler mit hohem Potenzial, aber niedrigeren Anfangsbewertungen sind oft versteckte Juwelen. Achten Sie besonders auf potenzielle

Spieler oder Spieler, deren Gesamtbewertung nicht ihr tatsächliches Verbesserungspotenzial widerspiegelt. Zum Beispiel könnte sich ein Rookie-Cornerback mit einem Gesamtrating von 72, aber einem hohen Potenzial-Rating innerhalb weniger Saisons zu einem Lockdown-Verteidiger entwickeln.

2. **Erforschung der Ergebnisse von Combine und Pro Day**: Im Franchise-Modus spielt das Scouting eine entscheidende Rolle. Sieh dir die Ergebnisse des Combine und des Pro Day an, um die körperlichen Attribute eines Spielers zu beurteilen. Geschwindigkeit, Stärke, Beweglichkeit und vertikaler Sprung sind für Positionen wie Running Back, Wide Receiver und Cornerback unerlässlich. Diese Ergebnisse können Ihnen einen Einblick in die rohe Athletik eines Spielers geben, die sich möglicherweise nicht immer sofort in der Spielleistung zeigt.

3. **Spieler-Archetypen**: In *Madden* haben die Spieler bestimmte Archetypen, die auf ihren Fähigkeiten basieren. Zum Beispiel könnte ein **Speed Rusher** oder ein **Power Back-Archetyp** die Fähigkeit eines Spielers anzeigen, in bestimmten Situationen zu performen. Achte auf diese Archetypen, wenn du

Spieler draftest oder scoutest. Ein **Power Back** mit hoher Stärke und Trucking-Fähigkeiten wird bei Spielzügen mit kurzen Yards wertvoll sein, während ein **Speed Rusher** in Pass-Rush-Situationen brilliert.

4. **Mock Drafts und Forschung**: Ob im Franchise-Modus oder MUT, es stehen immer Mock Drafts und Scouting-Berichte zur Verfügung, die dir bei deinen Entscheidungen helfen können. Diese Berichte können dazu beitragen, die besten Interessenten, ihre Stärken und Schwächen hervorzuheben. Kombinieren Sie diese Erkenntnisse mit Ihrem Wissen über die Bedürfnisse Ihres Teams und erstellen Sie einen Strategieentwurf, der bestimmte Lücken schließt.

5. **Deckung der Teambedürfnisse vs. bester verfügbarer Spieler**: Es gibt oft eine schwierige Entscheidung zwischen dem Draft des besten verfügbaren Spielers oder der Auswahl eines Spielers, der einen bestimmten Bedarf in deinem Kader erfüllt. Ein ausgewogener Ansatz ist ideal – drafte nach Bedarf, aber übersehe nicht einen Spieler, der sich im Laufe der Zeit zu einem Elite-Talent entwickeln könnte. Selbst wenn Sie in einer Position gestapelt sind, kann der richtige Spieler mit

hohem Potenzial in der Zukunft einen Handelswert bieten.

6. **Verfolgung des Spielerwachstums**: Sobald du Spieler gedraftet hast, ist es wichtig, ihre Entwicklung zu verfolgen. Behalte im Auge, wie schnell sich die Spieler verbessern, insbesondere Neulinge oder solche mit hohem Potenzial. Bereiten Sie sie mit den richtigen Schulungsprogrammen und Spielzeit auf den Erfolg vor, um ihr Wachstum zu maximieren.

Scouting in MUT

Wenn du in **Ultimate Team (MUT)** spielst, nimmt das Scouting eine etwas andere Form an. Du scoutest die Spieler zwar nicht direkt durch den Draft, aber du nutzt das **Auktionshaus** und die **Herausforderungen**, um Spieler zu erwerben, die den Bedürfnissen deines Teams entsprechen.

- **Spielersets**: Wenn du nach Spielern suchst, die Sets vervollständigen, solltest du dir überlegen, wie sie in das Schema deines Teams passen. Es ist leicht, sich in den teuersten und am höchsten bewerteten Spieler zu verstricken, aber wenn sie nicht in deine Teamchemie passen, sind sie vielleicht nicht so effektiv.

- **Zeitlich begrenzte Angebote und Spezialpakete**: Behalte Spezialpakete, zeitlich begrenzte Angebote oder saisonale Events im Auge. Diese Pakete enthalten oft höher bewertete oder einzigartige Spieler, und Sie können manchmal versteckte Juwelen zu einem Schnäppchenpreis finden, wenn Sie bereit sind, etwas zu recherchieren.

Trades und Spielerentwicklung: Gestalte die Zukunft deines Teams

Sobald du durch Drafting und Scouting einen Kader zusammengestellt hast, ist es an der Zeit, über die langfristige Zukunft deines Teams nachzudenken. **Trades** und **Spielerentwicklung** sind entscheidende Elemente für den Aufbau eines Gewinnerteams. Diese Strategien helfen Ihnen, das Potenzial Ihrer Spieler zu maximieren und sich für nachhaltigen Erfolg zu positionieren.

Trades tätigen

Beim Trading in *Madden NFL* geht es nicht nur darum, den besten verfügbaren Spieler zu verpflichten – es geht darum, kluge, kalkulierte Schritte zu unternehmen, um dein Team zu verbessern, ohne deine Zukunftsaussichten zu beeinträchtigen. So machen Sie effektive Trades:

1. **Bewertung der Teambedürfnisse**: Bevor Sie sich in einen Handel stürzen, sollten Sie die Lücken in Ihrem Team identifizieren. Fehlt dir ein wichtiger Pass Rusher oder brauchst du einen zuverlässigen Wide Receiver, um deinen Quarterback zu ergänzen? Das Verständnis der Bedürfnisse Ihres Teams ist für einen erfolgreichen Handel unerlässlich. Scheuen Sie sich nicht, einen guten Spieler zu tauschen, wenn er einen großen Bedarf an anderer Stelle deckt.

2. **Analyse des Spielerwerts**: Wenn Sie einen Trade abschließen, ist es wichtig, den Spielerwert zu verstehen – sowohl den aktuellen als auch den zukünftigen. Ein Trade für einen hoch bewerteten Spieler kann dir ein sofortiges Upgrade verschaffen, aber wenn er dich zu viele wertvolle Draft-Picks oder junge Spieler kostet, opfern du vielleicht die Zukunft. Auf der anderen Seite könnte der Tausch eines alternden Spielers mit einem großen Vertrag Cap Space freimachen und jüngere, vielversprechendere Spieler zurückbringen.

3. **Vertragsmanagement**: Bei Trades geht es auch um die Verwaltung von Spielerverträgen, insbesondere im Franchise-Modus. Achten Sie auf die Gehaltsobergrenze und wie sich Trades darauf

auswirken. Manchmal erfordert die Verpflichtung eines Starspielers, dass man im Gegenzug ein paar hochbezahlte Spieler loswird, damit die Zahlen funktionieren.

4. **Vergiss nicht die Picks**: Draft-Picks sind oft wertvoller, als du denkst. Wenn du über Trades verhandelst, solltest du deine zukünftigen Draft-Picks im Auge behalten. Manchmal kann es vorkommen, dass du durch den Tausch eines hochstufigen Spielers mehrere Draft-Picks erhältst, was dir mehr Flexibilität und Kontrolle über deinen Kader gibt. Unterschätzen Sie Draft-Picks nicht, wenn Sie Trades tätigen.

5. **Handelslogik und KI-Verhalten**: Die KI in *Madden NFL* ist manchmal bereit, Spieler leichter aufzugeben, als du erwarten würdest. Behalten Sie dies im Hinterkopf und nutzen Sie diese Situationen. Wenn die KI einen Handel anbietet, der einseitig zu Ihren Gunsten zu sein scheint, nehmen Sie ihn an – aber stellen Sie immer sicher, dass er in Ihre Gesamtstrategie passt.

Spielerentwicklung: Vergrößern Sie Ihr Team

Bei der Spielerentwicklung geht es darum, sicherzustellen, dass sich Ihre Spieler im Laufe der Zeit verbessern. So entwickeln Sie Spieler effektiv:

1. **Training und Training**: Jede Woche kannst du im Franchise-Modus die Trainingsoption nutzen, um die Fähigkeiten deiner Spieler zu verbessern. Konzentriere dich auf die Ausbildung deiner jungen Spieler, insbesondere derjenigen mit hohem Potenzial. Stellen Sie sicher, dass Ihre Trainingseinheiten ausgewogen sind, um ihre wichtigsten Eigenschaften zu verbessern und ihnen zu helfen, ihre Ziele zu erreichen.

2. **Positionsspezifisches Training**: Konzentriere dich auf bestimmte Spielerpositionen. Zum Beispiel könnte ein Quarterback von einem Training profitieren, das seine Genauigkeit, sein Bewusstsein und seine Wurfkraft verbessert. Ein Defensive Back könnte von einem Schnelligkeits- und Beweglichkeitstraining profitieren, um Receiver besser abzudecken. Passen Sie Ihre Trainingspläne an die Bedürfnisse Ihres Teams an.

3. **Spielzeit und Erfahrung**: Eine der besten Möglichkeiten, deine Spieler zu entwickeln, besteht darin, ihnen Spielzeit zu geben. Anfänger, vor allem

solche mit hohem Potenzial, müssen echte Spielerfahrung sammeln. Scheuen Sie sich nicht, jüngeren Spielern die Chance zu geben, zu glänzen, auch wenn dies bedeutet, kurzfristig einige Risiken einzugehen, um langfristige Gewinne zu erzielen.

4. **Fortschritt durch die Saisons**: Sieh dir an, wie sich deine Spieler im Laufe der Zeit weiterentwickeln. Rookies mit hohem Potenzial werden sich drastisch verbessern, wenn sie richtig trainiert und gespielt werden, während ältere Spieler möglicherweise nicht so stark wachsen. Behalte diesen Fortschritt im Auge und passe deinen Kader entsprechend an.

5. **Nutzung von Entwicklungseigenschaften**: Achte auf die Entwicklungsmerkmale der Spieler, wie **z. B. Schnell**, **Stern** und **Normal**. Spieler mit besseren Eigenschaften entwickeln sich schneller und effektiver, also priorisiere sie in deinen Trainingseinheiten.

Bewertung von Spielerstatistiken: Welche Bewertungen sind am wichtigsten?

Um einen erfolgreichen Kader aufzubauen, musst du in der Lage sein, Spieler effektiv zu bewerten. Aber nicht alle

Wertungen sind gleich, und es ist wichtig zu verstehen, welche Werte für verschiedene Positionen am wichtigsten sind.

Wichtige Offensivstatistiken, die man im Auge behalten sollte

1. **Quarterback (QB):**
   o **Wurfkraft**: Bestimmt die Fähigkeit des QBs, den Ball tief und weit zu werfen. Ein QB mit hoher Wurfkraft kann alle Würfe über das Feld machen.
   o **Wurfgenauigkeit (kurz, mittel, tief):** Die Genauigkeitsbewertungen sind entscheidend, um Ziele in verschiedenen Teilen des Feldes zu treffen. Ein QB mit einer guten Genauigkeit in der Tiefe ist unerlässlich, um längere Pässe im Downfield zu spielen.
   o **Bewusstsein**: Ein hohes Bewusstsein ermöglicht es dem Quarterback, Druck zu erkennen und schnelle Entscheidungen zu treffen, insbesondere unter Zwang.
2. **Running Back (RB):**
   o **Geschwindigkeit**: Die Fähigkeit, sich von Verteidigern zu lösen. Geschwindigkeit ist essentiell für große Läufe und explosive Spielzüge.

- Trucking und Stiff Arm: Wichtig, um Tackles zu brechen und zusätzliche Yards nach dem Kontakt zu gewinnen.
- Ball Carrier Vision: Anhand dieser Statistik lässt sich bestimmen, wie gut der Running Back die Defense lesen und Laufwege finden kann.

3. Wide Receiver (WR):
- Geschwindigkeit: Ein Muss, um eine Trennung von den Verteidigern zu schaffen.
- Fangen und Fangen von Verkehr: Wichtig für zuverlässige Fänge, insbesondere unter Druck.
- Route Running: Hier wird bestimmt, wie effizient ein Receiver seine Routen ausführen kann. Ein WR mit hohem Route Running kann Verteidiger erschüttern und bei entscheidenden Spielzügen für Separation sorgen.

Wichtige defensive Statistiken, die man im Auge behalten sollte

1. Cornerback (CB):
- Man Coverage: Bestimmt, wie gut der Cornerback einen Receiver in der Mann-zu-Mann-Deckung abdecken kann.
- Zonenabdeckung: Bestimmt die Effektivität in Zonenschemata. Eine hohe Zonenabdeckung hilft

den CBs, Pässe zu antizipieren und Würfe zu unterbrechen.

- o **Presse**: Bestimmt, wie effektiv ein Cornerback einen Receiver an der Line of Scrimmage blockieren kann.

2. **Defensive Line (DL):**

- o **Block Shedding**: Bestimmt die Fähigkeit, Blocks von Offensive Linemen zu lösen. Dies ist entscheidend für das Pass Rushing und das Stoppen des Laufs.
- o **Finesse-Moves und Power-Moves**: Bestimmt, wie effektiv der Spieler den Quarterback angreifen kann, indem er entweder Finesse- oder Power-Moves einsetzt, um die Offensive Line zu durchbrechen.

3. **Linebacker (LB):**

- o **Tackling**: Eine wichtige Statistik für Linebacker, die den Lauf stoppen und Tackles sicherstellen müssen.
- o **Coverage**: Wichtig für Linebacker, die die Aufgabe haben, Running Backs und Tight Ends in der Pass Coverage zu decken.

Wichtige Statistiken zu den Special Teams

1. **Kicker und Punter:**

- o **Kick Power**: Bestimmt, wie weit der Ball geschossen werden kann.
- o **Kick-Genauigkeit**: Unerlässlich für erfolgreiche Field Goals, insbesondere aus großer Entfernung.

Chemie aufbauen: Sicherstellen, dass deine Spieler zusammenarbeiten

Individuelles Talent ist zwar wichtig, aber der Erfolg in *Madden NFL* hängt davon ab, wie gut dein Team zusammenarbeitet. Der Aufbau einer Teamchemie ist wichtig, besonders im Franchise-Modus. So können Sie sicherstellen, dass sich Ihre Spieler gegenseitig ergänzen:

1. **Spielerrollen und Positionierung**: Achte darauf, dass die Rollen deiner Spieler im Team mit ihren Stärken übereinstimmen. Wenn du einen schnellen Quarterback hast, solltest du eine Schnellpassstrategie in Betracht ziehen, mit der er seine Geschwindigkeit nutzen kann. Wenn du eine gute Offensive Line hast, solltest du Laufspielzüge nutzen, um ihre Blockfähigkeiten zu maximieren.

2. **Teamchemie in MUT**: In MUT kannst du die Chemie aufbauen, indem du Spieler aus demselben Team, ähnlichen Positionsgruppen oder bestimmten

Chemie-Boosts zusammenbringst. Ein geschlossenes Team mit einer großartigen Chemie schneidet besser ab als eine Gruppe zufälliger, hoch bewerteter Spieler.

3. **Führung und Motivation**: Im Franchise-Modus fungieren bestimmte Spieler als Teamleiter. Diese Spieler werden ihre Teamkollegen zu besseren Leistungen inspirieren. Stellen Sie sicher, dass Sie eine solide Gruppe von Teamleitern aufbauen, die den Dienstplan motivieren und die allgemeine Teammoral verbessern können.

4. **Konzentrieren Sie sich auf positionelle Synergien**: Stellen Sie sicher, dass Ihre offensiven und defensiven Aufstellungen für Ihre Strategie sinnvoll sind. Eine Defensive Line mit Power Rushern und Linebackern, die gut decken, kann Turnovers erzwingen. In ähnlicher Weise sorgt ein Running Back, der die Blockstärke deiner Offensive Line ergänzt, für eine bessere Laufleistung.

Kapitel 6: Perfektionieren Sie Ihr Spiel

Wenn es um *Madden NFL geht*, liegt der Unterschied zwischen einem guten und einem großartigen Spieler in der Fähigkeit, die Grundlagen zu perfektionieren und unter Druck intelligente, entscheidende Spielzüge zu machen. Es reicht nicht aus, nur die Steuerung oder die Spielzüge zu kennen. Um dein Spiel wirklich zu verbessern, musst du ein ausgeprägtes Verständnis für die Mechanik entwickeln, die Verteidigung lesen und auf momentane Situationen reagieren. Jeder Pass, jeder Lauf und jedes Tackle muss zielgerichtet ausgeführt werden.

In diesem Kapitel werden wir uns mit einigen der wichtigsten Elemente befassen, die Top-Spieler von den anderen unterscheiden: **Das Lesen der Verteidigung, die Perfektionierung des Pocket Pass, die Beherrschung des Running Backs** und die Entwicklung einer **defensiven Denkweise**. Egal, ob du deine offensive Effizienz verbessern, deine Fähigkeit, Tackles zu durchbrechen, verbessern oder defensiv dominieren möchtest, dieses

Kapitel gibt dir die Werkzeuge und Einblicke, die du brauchst, um ein wahrer *Madden NFL-Meister* zu werden .

Defenses lesen: Schnelle, kluge Entscheidungen treffen

Wenn du in Madden NFL *das Spielfeld betrittst*, spielst du nicht nur gegen eine Ansammlung von KI-Spielern oder menschlichen Gegnern. Du stehst einer Verteidigung gegenüber, die sich an jede deiner Bewegungen anpasst und dich zwingt, ständig zu lesen und zu reagieren. Der Schlüssel zum offensiven Erfolg liegt darin, zu erkennen, was die Defense tut, und schnelle, intelligente Entscheidungen zu treffen.

Wie man die Verteidigung liest

1. **Pre-Snap Reads**: Bevor der Ball überhaupt gesnappt wird, nimm dir einen Moment Zeit, um die Verteidigung zu bewerten. Halte Ausschau nach Hinweisen, die dir Aufschluss darüber geben, was die Defense plant.

   o **Defensive Formation**: Befinden sie sich in einer **3-4-** oder **4-3-Verteidigung**? Ein **3-4** deutet oft auf einen Fokus auf das Linebacker-Corps hin, während ein **4-3** sich eher auf eine traditionelle

Vier-Mann-Front konzentriert. Dies zeigt dir, ob du mit mehr Druck von der Defensive Line rechnen kannst oder ob die Linebacker wieder in die Coverage zurückfallen werden.

- Linebacker-Positionierung: Wenn die Linebacker nahe an der Line of Scrimmage positioniert sind, können sie blitzen. Wenn sie zurück sind, wird es wahrscheinlich eine Zonenverteidigung sein, die dir mehr Zeit gibt, schnelle Würfe zu machen oder den Ball laufen zu lassen.

- Safeties: Die Positionierung der Safeties ist entscheidend. Wenn sie tief stehen, spielt die Defense möglicherweise eine Prevent-Zone, während Safeties näher an der Linie auf eine Manndeckung oder einen Blitz hinweisen könnten.

2. Coverage identifizieren: Einer der wichtigsten Aspekte beim Lesen von Defenses ist die Identifizierung, ob du es mit einer Mann-zu-Mann- oder Zonendeckung zu tun hast.

- Mann-zu-Mann-Deckung: Suchen Sie nach Verteidigern, die eng mit ihrem zugewiesenen Receiver verbunden sind. Wenn du siehst, dass ein Cornerback deinen Wide Receiver Schritt für

Schritt beschattet, hast du es wahrscheinlich mit einer Manndeckung zu tun.

- o **Zonenabdeckung**: Bei der Zonenabdeckung decken Verteidiger einen bestimmten Bereich des Feldes ab, nicht einen Spieler. Achte auf den Raum zwischen den Verteidigern und die Art und Weise, wie sie sich relativ zum Receiver positionieren. Wenn die Defense sich zurückzieht und in den Deckungszonen bleibt, ist das dein Hinweis.

3. **Leseblitze**: Eine der gefährlichsten Situationen, denen du begegnen kannst, ist ein Blitz. Wenn die Defense zusätzliche Spieler schickt, um den Quarterback zu rushen, musst du schnell reagieren.

- o **Identifiziere die Blitzer**: Das Blitzen von Linebackern oder Safeties ist dein Hauptaugenmerk. Wenn sie von der Kante oder in der Mitte kommen, solltest du darauf vorbereitet sein, dein Spiel anzupassen. Nutze schnelle Pässe, Schräglagen oder Checkdowns, um den Druck auszunutzen.

- o **Mit Audibles anpassen**: Wenn Sie einen Blitz vor dem Snap erkennen, rufen Sie ein Audible auf. Ein kurzes Anhören eines Laufspiels oder ein schneller Pass kann dem Druck entgegenwirken und dir eine bessere Chance auf Erfolg geben.

4. **Defensive Line Play**: Die Defensive Line kann das Tempo des Spiels diktieren. Achte auf Anzeichen von **Stunts**, bei denen die Defensive Linemen ihre Routen kreuzen oder drehen, oder **auf 4-Mann-Rushes**, die die Pocket schnell zum Einsturz bringen können. Achte darauf, wie sie mit deiner Offensive Line umgehen, und wenn nötig, tritt in die Pocket, um dem Ansturm zu entgehen.

Schnelle Entscheidungen treffen

Sobald du die Defense gelesen und ihre Deckungs- oder Blitzschemata identifiziert hast, ist es an der Zeit, deinen Zug zu machen.

1. **Wissen, wann man werfen muss**: Ein erfolgreicher Quarterback in *Madden NFL* wirft den Ball nicht nur, weil er es kann. Sie werfen zielstrebig. Suchen Sie nach Gelegenheiten in der Verteidigung und werfen Sie mit Präzision. Vermeide es, den Ball zu lange zu halten – das Warten auf den perfekten Pass kann oft zu einem Sack oder einer Interception führen.

2. **Verwende den richtigen Passtyp**: Je nach Verteidigung musst du verschiedene Arten von Pässen werfen:

- o **Kurze, schnelle Pässe** (z. B. Schräglagen, Hitches) funktionieren gut gegen Manndeckung.
- o **Tiefe Lob-Pässe** können die Zonendeckung ausnutzen, wenn die Verteidiger zu weit von ihren Receivern entfernt sind.

3. **Hab keine Angst vor dem Checkdown**: Wenn du unter Druck stehst, kann ein kurzer Checkdown-Pass auf einen Running Back oder Tight End genauso effektiv sein wie ein tiefer Wurf. Manchmal bekommst du mehr Yards, wenn du auf Nummer sicher gehst, als wenn du einen Pass in eine enge Deckung erzwingst.

Perfektionierung des Pocket Pass: Techniken für Präzision

Das Passen aus der Tasche ist einer der befriedigendsten Aspekte von *Madden NFL*. Es erfordert jedoch Präzision, Geduld und ein Verständnis dafür, wann man eingreifen oder die Eile vermeiden sollte. Wenn du den Pocket-Pass beherrschst, kannst du unter Druck punktgenaue Würfe machen.

Die Grundlagen des Pocket Pass

1. **Die Füße aufstellen**: Der wichtigste Teil beim Werfen eines präzisen Passes ist das Aufstellen der Füße. Wenn du dich zurückfallen lässt, achte darauf, dass du nicht aus dem Gleichgewicht gerätst. Stellen Sie Ihren hinteren Fuß auf und treten Sie in den Wurf, um sicherzustellen, dass er Ihr Ziel mit Geschwindigkeit und Genauigkeit erreicht.

2. **In der Pocket aufstehen**: Wenn der Druck der Defensive Line zu brechen beginnt, keine Panik. Anstatt nach hinten oder zur Seite zu laufen, treten Sie in die Tasche. So hast du mehr Zeit, deinen Pass zu spielen, und kannst dem Ansturm ausweichen, während du deinen Blick nach unten richtest.

3. **Sacks vermeiden**: Wenn die Tasche schnell zusammenbricht, gibt es zwei Hauptstrategien: Wirf den Ball weg oder nutze die Escape-Mechanik (L1/LB), um dich von den Verteidigern zu entfernen. Warten Sie jedoch nicht zu lange, um sich zu entscheiden – wenn Sie den Ball zu lange halten, führt dies zu einem Sack.

4. **Präzision und Ballgefühl**: Egal, ob du eine kurze Route oder einen tiefen Pass wirfst, du musst die Kraft und Genauigkeit deines Wurfs anpassen.

- o **Kurze Pässe**: Tippe leicht auf die Pass-Taste, um einen schnellen, flachen Wurf zu erzielen, der für Verteidiger schwer abzufangen ist.
- o **Lange Pässe**: Halten Sie die Pass-Taste länger gedrückt, um den Ball mit mehr Kraft zu spielen. Aber pass auf, dass du es nicht übertreibst – zu viel Kraft führt zu einem ungenauen Wurf.

5. **Nutze den QB-Sichtkegel (falls verfügbar)**: Einige *Madden-Versionen* ermöglichen es dir, den Sichtkegel des Quarterbacks zu steuern. Verwenden Sie diese Funktion, um sich auf Ihr beabsichtigtes Ziel zu konzentrieren und sicherzustellen, dass Sie einen sauberen und präzisen Überholmanöver ausführen können.

6. **Werfen im Lauf**: Wenn du aus der Tasche kommst und einen Pass machen musst, nutze die Laufmechanik, um präzise zu werfen, während du dich bewegst. Das Werfen während des Laufens ist jedoch mit einem Kompromiss verbunden – es opfert oft die Genauigkeit für die Kraft. Wenn du Präzision brauchst, versuche zuerst, deinen Quarterback zu stoppen, bevor du den Ball loslässt.

Fortgeschrittene Taschentechniken

1. **Manipulation der Verteidigung**: Wenn du einer Zonendeckung gegenüberstehst, kannst du die Verteidiger manipulieren, indem du dich in der Tasche bewegst und sie dir folgen lässt. Indem du Platz schaffst, kannst du eine Lane für deine Receiver öffnen, um sich zu öffnen.

2. **Antizipation des Wurfs**: Sobald Sie Ihr Ziel identifiziert haben, antizipieren Sie, wann Sie den Ball werfen müssen. Wenn sich ein Verteidiger nähert, musst du den Ball früh werfen, bevor die Verteidigung einen Spielzug machen kann. Warten Sie nicht, bis der Receiver vollständig geöffnet ist, sondern werfen Sie den Ball im richtigen Moment, um die besten Chancen auf einen Abschluss zu haben.

Running Back Mastery: Lücken finden und durchbrechen

Um den Ball in *Madden NFL effektiv laufen* zu lassen, braucht es mehr als nur die Sprinttaste zu drücken und nach vorne zu stürmen. Um ein Meister im Laufen des Balls zu werden, musst du die Verteidigung lesen, Laufwege erkennen und wissen, wann du Spezialbewegungen einsetzen musst, um Tackles zu brechen und zusätzliche Yards zu gewinnen.

Das Laufspiel verstehen

1. **Die Linie lesen**: Der Schlüssel zu effektivem Laufen liegt darin, zu erkennen, wo sich die Löcher in der Offensive Line auftun. Achte auf die Lücken zwischen den Blockern und antizipiere, wo die Verteidigung am schwächsten ist.

   o **Inside Runs**: Halte Ausschau nach schnellen Lanes zwischen den Guards und Tackles. Wenn du nach innen rennst, versuche durch die Mitte zu brechen und deine Blocker effektiv einzusetzen, um dich vor Verteidigern zu schützen.

   o **Outside Runs**: Bei Läufen nach draußen solltest du versuchen, die Defense zu dehnen. Geschwindigkeit und Beweglichkeit sind hier entscheidend, da du um die Kante herum durchbrechen und die Seitenlinie zu deinem Vorteil nutzen musst.

2. **Geduld und Vision**: Eine der am meisten unterschätzten Fähigkeiten in *Madden* ist Geduld. Hetze nicht durch Löcher, die nicht da sind. Warte, bis deine Blocker eine Lane öffnen und dann durch sie platzen. Die Sicht des Running Backs ist der

Schlüssel, um zu bestimmen, wann man einen Schnitt machen und einen Zug machen muss.

3. **Special Moves**: Die Verwendung des rechten Sticks zum Juke, Stiff-Arm oder Spin kann den Unterschied ausmachen, wenn es darum geht, Tackles zu brechen. Wenn du diese Moves meisterst, kannst du einen 5-Yard-Lauf in einen Gewinn von 20 Yards verwandeln.

   o **Steifer Arm**: Nutze den Stiff-Arm-Move, wenn sich ein Verteidiger dir nähert, um ihn abzustoßen und zusätzliche Yards zu gewinnen.

   o **Spin Move**: Der Spin Move kann dir helfen, Verteidiger abzuschütteln, die sich von den Seiten nähern.

   o **Juke-Move**: Juking ist effektiv, wenn du einen Verteidiger zum Scheitern bringen musst. Je schneller du diesen Schnitt machen kannst, desto wahrscheinlicher ist es, dass du Zweikämpfe vermeidest.

4. **Den Ball sicher halten**: Eines der wichtigsten Elemente beim Laufen des Balls ist die Ballsicherheit. Verwenden Sie die **Taste "Cover-Ball"** (L2/LT), wenn Sie durch den Verkehr laufen, um das Risiko von Fummeln zu verringern.

Fortgeschrittene Running Back Techniken

1. **Verwendung des Blocking-Schemas**: In einigen Spielzügen zieht deine Offensive Line oder stellt zusätzliche Blocker zur Verfügung. Lauf nicht einfach geradeaus – setze deine Blocker ein, indem du ihrer Führung folgst, und platze dann durch das Loch, wenn es sich öffnet.

2. **Power Runs**: Verwende für Situationen mit kurzen Yards Power-Running-Spielzüge, bei denen du mehrere Blocker hast. Dies ist besonders nützlich in Situationen mit dem dritten und kurzen Spiel oder der Torlinie. Senke deine Schulter, schlage das Loch mit Wucht und kämpfe um jeden Meter.

3. **Beschleunigen durch Lücken**: Sobald Sie eine Laufbahn identifiziert haben, verwenden Sie die **Sprint-Taste** (R2/RT), um durch die Lücke zu beschleunigen. Seien Sie jedoch vorsichtig – wenn Sie zu früh sprinten, können Sie die Kontrolle verlieren oder den Abstand ganz verpassen.

Defensive Denkweise: Das Feld kontrollieren und Spielzüge antizipieren

Der Schlüssel, um ein Elite-Madden *NFL-Spieler zu werden,* liegt nicht nur in der Offense. In der Verteidigung wird das Spiel oft gewonnen oder verloren. Um defensiv zu dominieren, musst du die Züge deines Gegners antizipieren, die offensive Formation lesen und alle Fehler ausnutzen, die er macht.

Defensives Bewusstsein

1. **Offensivformationen lesen**: Ähnlich wie du die Verteidigung in der Offensive liest, ist es wichtig, die offensive Formation zu lesen und die Art des Spielzugs zu antizipieren, der auf dich zukommt.
   - o **Schrotflintenformationen** werden oft für Pässe verwendet, also sei auf kurze, schnelle Würfe oder tiefe Pässe vorbereitet.
   - o **I-Formationen** werden in der Regel zum Laufen verwendet, also konzentriere dich darauf, die Line of Scrimmage zu kontrollieren und den Lauf zu stoppen.
2. **Antizipation des Laufs oder Passes**: Anhand der Formation solltest du bereits eine gute Vorstellung

davon haben, ob dein Gegner laufen oder passen wird. Achte auf die Bewegung des Spielers und darauf, wie der Quarterback aufgestellt ist – ist er unter der Mitte, ist ein Lauf wahrscheinlicher, ist er in der Shotgun oft ein Passspiel.

3. **Den Quarterback im Griff**: Als Verteidiger ist es entscheidend, den Quarterback im Auge zu behalten. Wenn er sich zurückfallen lässt, um zu passen, solltest du deinen Blitz oder deine Coverage entsprechend timen. Wenn er rennen will, bereite dich darauf vor, ihn einzudämmen und seine Optionen einzuschränken.

4. **Usering Defenders**: Wenn du als Linebacker oder Safety spielst, kannst du einen Spieler user (steuern) und das Feld durchstreifen. Nutze dies zu deinem Vorteil, indem du deinen Spieler so positionierst, dass er Pässe unterbricht, den Ballträger angreift oder antizipiert, wohin der Quarterback werfen könnte.

Ballverluste und Druck erzeugen

1. **Blitzing**: Ein gut getimter Blitz kann das Timing des Quarterbacks stören und zu Sacks oder übereilten Würfen führen, die zu Interceptions führen. Mischen Sie Ihre Blitz-Pakete und blitzen Sie nicht bei jedem

Spielzug, sondern lassen Sie Ihren Gegner im Unklaren.

2. **Interceptions und Swats**: Antizipiere den Pass des Quarterbacks und setze **im richtigen Moment Triangle/Y** (für Interceptions) oder **Square/X** (für Swats) ein. Timing ist alles – springen Sie nicht zu früh oder zu spät.

3. **Kontrolle über das Spielfeld**: Das ultimative Ziel in der Verteidigung ist es, das Spiel zu kontrollieren. Indem du die Formation deines Gegners liest, seine Spielzüge antizipierst und schnelle Entscheidungen triffst, kannst du Ballverluste erzwingen, Stopps erzielen und deinen Gegner davon abhalten, seinen Rhythmus zu finden.

Kapitel 7: Ultimate Team-Strategien

In *Madden NFL* ist **Ultimate Team (MUT)** der Ort, an dem die wahre Magie für diejenigen passiert, die ihren Traumkader von Grund auf neu zusammenstellen, Starspieler sammeln und in einigen der aufregendsten Spielmodi gegeneinander antreten möchten. Auch wenn es auf den ersten Blick überwältigend erscheinen mag, **bietet MUT** eine einzigartige Mischung aus Strategie, Spielerverwaltung und Echtzeit-Wettbewerb, die dich stundenlang fesseln kann. Das Ziel in MUT ist einfach: Erstelle das bestmögliche Team, aktualisiere ständig und spiele strategisch, um Belohnungen zu verdienen, die dein Team weiter verbessern.

Dieses Kapitel widmet sich den Tools und Strategien, die du brauchst, um in **Ultimate Team zu dominieren**. Egal, ob du gerade erst anfängst oder deinen Kader verfeinern möchtest, wir decken alles ab, von den Grundlagen der richtigen Kernspieler, dem Verdienen von Münzen, dem Navigieren im Auktionshaus und dem Aufbau von Synergien innerhalb deines Teams. Am Ende dieses Kapitels wirst du ein tiefes

Verständnis dafür haben, wie du dein MUT-Erlebnis maximieren und den perfekten Trupp zusammenstellen kannst.

Beginnen Sie mit den richtigen Kernspielern

Wenn du MUT zum ersten Mal betrittst, erhältst du ein Starterpaket mit einer Handvoll Spielern, um loszulegen. Auch wenn diese Spieler nicht die besten sind, bieten sie eine solide Grundlage, auf der man aufbauen kann. Ihr unmittelbarer Fokus sollte darauf liegen, Schlüsselspieler zu finden, die als zentrale Grundlage für Ihr Team dienen.

Auswahl von Kernspielern für Ihr Team

1. **Quarterback (QB):** Ein solider QB ist der Motor deiner Offense. Für MUT brauchst du einen QB, der eine gute Mischung aus Wurfgenauigkeit, Wurfkraft und Mobilität hat. Suche dir einen QB, der zu deinem Spielstil passt. Wenn du es vorziehst, in der Tasche zu stehen und präzise Pässe zu spielen, solltest du dich für jemanden mit hoher **Wurfgenauigkeit entscheiden.** Wenn du jedoch gerne ausrollst und Würfe aus dem Lauf machst, solltest du nach einem

mobileren QB mit guten **Geschwindigkeits-** und **Wurf-on-the-Run-Statistiken** Ausschau halten .

- o **Schlüsselattribute:** Wurfkraft, Wurfgenauigkeit (kurz, mittel, tief), Bewusstsein, Schnelligkeit.

2. **Wide Receiver (WR):** Ein solider WR ist unerlässlich, um tiefe Pässe zu vervollständigen und kurze Routen in große Gewinne zu verwandeln. Abhängig von deinem Stil bevorzugst du vielleicht einen schnellen WR, der Verteidiger im Downfield verbrennen kann, oder einen zuverlässigen Possession-Receiver mit exzellenten Händen und Routenlauf. Achte auf **Geschwindigkeit, Fangen im Verkehr** und **Route Running** als deine primären Werte, um die Effektivität deiner WRs zu messen.

- o **Schlüsselattribute:** Geschwindigkeit, Catching, Route Running, Catch im Verkehr.

3. **Running Back (RB):** Der RB ist das Herzstück deines Bodenspiels und muss vielseitig und explosiv sein. Egal, ob du einen Bruiser suchst, der sich durch Verteidiger kämpft, oder einen schnellen Back, der lange Läufe brechen kann, wähle deine RBs mit Bedacht. Zu den wichtigsten Statistiken, auf die Sie achten sollten, gehören **Geschwindigkeit, Ballträgersicht, Lkw-Verkehr** und **Beweglichkeit**.

Ein Rücken, der in mehreren Situationen Leistung bringen kann, wird dir einen Vorteil verschaffen.

- o **Schlüsselattribute:** Geschwindigkeit, Sicht auf den Ballträger, Agilität, Trucking.

4. **Offensive Line (OL):** Übersehen Sie nicht die Offensive Line. Eine starke Offensive Line ermöglicht es deinem QB, bequem zu passen und gibt deinem RB die Lanes, die er braucht, um effektiv zu laufen. Priorisiere Offensive Linemen mit hohen **Pass-Block-** und **Run-Block-Werten**. Eine abgerundete Linie wird einen großen Unterschied für den Erfolg Ihrer Offense ausmachen.

- o **Schlüsselattribute:** Passblock, Laufblock, Stärke, Bewusstsein.

5. **Defensive Line (DL):** Deine Verteidigung beginnt mit der Linie. Starke Pass Rusher helfen, den QB unter Druck zu setzen, während kräftige Run Defender die Laufwege verstopfen. Halte Ausschau nach Defensive Linemen mit **Power Moves**, **Finesse Moves**, **Block Shedding** und **Strength**. Diese Statistiken werden dir helfen, vorne zu dominieren.

- o **Schlüsselattribute:** Blockabwurf, Power-Moves, Finesse-Moves, Stärke.

6. **Linebacker (LBs):** Linebacker sind das Rückgrat deiner Defense und sowohl für die Pass Coverage als

auch für die Run Defense entscheidend. Egal, ob du einen Linebacker bevorzugst, der im Passspiel Boden abdecken kann, oder einen, der den Lauf stoppen kann, priorisiere **Tackling**, **Block Shedding** und **Geschwindigkeit**. Ein Linebacker, der sich sowohl in die Coverage fallen lassen als auch den Lauf stoppen kann, ist unglaublich wertvoll.

- o **Schlüsselattribute:** Tackling, Blockabwurf, Geschwindigkeit, Zonenabdeckung, Trefferkraft.

7. **Cornerbacks (CBs):** Geschwindigkeit und Deckungsfähigkeit sind der Schlüssel für Cornerbacks. Du wirst Cornerbacks wollen, die Mann-gegen-Mann decken oder sich in der Zone zurücklehnen können, je nachdem, wie dein Defensivschema aussieht. Konzentriere dich auf **Manndeckung**, **Zonenabdeckung**, **Geschwindigkeit** und **Bewusstsein**, um sicherzustellen, dass deine CBs gegnerische Receiver festhalten können.

- o **Schlüsselattribute:** Geschwindigkeit, Manndeckung, Zonenabdeckung, Bewusstsein.

8. **Sicherheit (FS/SS):** Safeties sind sowohl für die Coverage als auch für die Run-Unterstützung von entscheidender Bedeutung. Sie müssen vielseitig und schnell sein, in der Lage sein, den QB zu lesen und

sich gegen den Lauf zu wehren. **Trefferstärke, Geschwindigkeit** und **Zonenabdeckung** sind die wichtigsten Werte, die für Safeties priorisiert werden sollten.

   o **Schlüsselattribute:**   Geschwindigkeit, Zonenabdeckung, Trefferkraft, Tackling.

Konzentrieren Sie sich auf den Aufbau um Schlüsselakteure herum

Wenn du deinen MUT-Kader aufbaust, konzentriere dich zunächst darauf, diese Kernspieler zu bekommen. **Elite-Spieler** mit guten Ratings und Fähigkeiten bilden das Rückgrat deines Teams. Sobald du deinen Kern etabliert hast, kannst du die Lücken mit Spielern aus niedrigeren Stufen füllen und um deine Stars herum bauen.

Münzen verdienen: Belohnungen und Herausforderungen maximieren

Münzen sind das Lebenselixier von **MUT** und ermöglichen es dir, Packs zu kaufen, Spieler über das Auktionshaus zu erwerben und deinen Trupp zu verbessern. Das Verdienen von Münzen ist einer der wichtigsten Aspekte beim Spielen in **MUT,** und die Maximierung der Art und Weise, wie Sie Münzen verdienen, wird Ihren Fortschritt beschleunigen.

Coins durch Herausforderungen verdienen

1. **Solo-Herausforderungen**: Dabei handelt es sich in der Regel um Einzelspieler-Missionen mit bestimmten Zielen. Das Abschließen dieser Herausforderungen belohnt dich mit Münzen, Spielerkarten und anderen nützlichen Gegenständen. Konzentrieren Sie sich auf die Herausforderungen mit hoher Belohnung, die Ihnen den besten Wert für Ihre Zeit bieten. Diese können der Schlüssel sein, um schnell die Münzen zu verdienen, die Sie für Spieler-Upgrades benötigen.

   o **Tipp**: Schließe tägliche und wöchentliche Herausforderungen ab, um Bonusbelohnungen zu erhalten. Viele dieser Herausforderungen dauern nur wenige Minuten und können zu erheblichen Coin-Boosts führen.

2. **Saisonale und zeitlich begrenzte Events**: Achtet auf saisonale Herausforderungen und zeitlich begrenzte Events in **MUT**. Bei diesen Events gibt es in der Regel hochwertige Belohnungen, wie z. B. **Elite-Spielerkarten** oder große Münzauszahlungen.

Durch die Teilnahme an diesen Events verdienst du nicht nur Münzen, sondern erhöhst auch deine Chancen, seltene, hochstufige Spieler zu gewinnen, die deinen Trupp verstärken können.

3. **Solos und Missionen für Paketbelohnungen**: Bestimmte Herausforderungen belohnen dich mit **Paketen**, die Spielerkarten, Trainingspunkte und andere Ressourcen enthalten. Packs sind eine hervorragende Möglichkeit, dein Team kostenlos aufzubauen, aber denk daran, dass die Quoten für Packs gut oder schlecht sein können. Dennoch kannst du durch das regelmäßige Abschließen dieser Herausforderungen nach und nach ein wertvolles Inventar an Spielern und Ressourcen aufbauen.

Abschließen von Zielen und Missionen

1. **MUT-Ziele**: Jede neue Saison in **MUT** bringt neue Ziele mit sich. Wenn du diese Ziele erfüllst, kannst du sowohl Münzen als auch wertvolle Spielerkarten verdienen. Zu diesen Zielen gehören beispielsweise das Erzielen einer bestimmten Anzahl von Touchdowns oder das Erreichen bestimmter Spielermeilensteine.

2. **Spielermissionen**: Viele deiner Spieler haben Missionen, die mit ihnen verbunden sind, wie z. B. das Abschließen einer bestimmten Anzahl von Fängen, Tackles oder Rushing Yards. Wenn du diese Missionen abschließt, erhältst du zusätzliche Münzen und Gegenstände.

3. **Wöchentliche und monatliche Meilensteine**: Jede Woche gibt es Meilenstein-Belohnungen, die auf dem Fortschritt basieren, den du beim Abschließen von Herausforderungen und Zielen gemacht hast. Vernachlässigen Sie diese nicht! Wenn du sie jede Woche abschließt, kannst du beständige Münzbelohnungen und bedeutende Upgrades für dein Team erhalten.

Meistern von MUT-Auktionen und Trends auf dem Spielermarkt

Einer der aufregendsten – und profitabelsten – Aspekte von **MUT** ist das **Auktionshaus**, in dem du Spieler, Packs und andere Gegenstände kaufen und verkaufen kannst, um dein Team zu verbessern. Wenn Sie wissen, wie Sie sich auf dem Auktionsmarkt zurechtfinden, haben Sie einen großen Vorteil beim schnelleren und effizienteren Aufbau Ihres Teams.

Das Auktionshaus verstehen

1. **Niedrig kaufen, hoch verkaufen**: Das Grundprinzip des Handels auf jedem Markt, einschließlich **MUT,** besteht darin, niedrig zu kaufen und hoch zu verkaufen. Beobachte das **Auktionshaus** regelmäßig, um unterbewertete Spieler zu finden, insbesondere solche, die kurz davor stehen, wertvolle Vermögenswerte zu werden. Du kannst diese Spieler umdrehen, um Münzen zu verdienen und in dein Team zu investieren.

2. **Bieten Sie klug:** Werfen Sie nicht einfach Münzen auf einen Spieler, weil er hoch bewertet ist. Verwenden Sie Filter, um Ihre Suchanfragen einzugrenzen und sicherzustellen, dass Sie ein gutes Angebot erhalten. Manchmal **können Spieler mit niedrigerem Rating** und hervorragender Chemie oder bestimmten Attributen wertvoller sein als höher bewertete, aber überteuerte Karten.

3. **Markttrends**: Das Verständnis von Markttrends kann der Schlüssel sein, um die besten Angebote zu erhalten. Der **MUT-Markt** schwankt je nach Veröffentlichung neuer Spieler, Events und Pack-Eröffnungen. Seien Sie sich dieser Trends bewusst und nutzen Sie Momente, in denen der Markt niedrig

ist oder seltene Karten verfügbar werden. Das Timing Ihrer Käufe und Verkäufe ist entscheidend für die Maximierung Ihrer Gewinne.

4. **Trainingspunkte und schneller Verkauf**: Verwende **Trainingspunkte** , um Spieler mit niedrigerem Rating aufzuwerten und deinem Team einen Mehrwert zu verleihen. Spieler mit Trainings-Upgrades können zu höheren Preisen verkauft werden, aber übertreiben Sie es nicht. Überlegen Sie immer, ob die Investition von Trainingspunkten in einen Spieler eine bessere Rendite bringt, als ihn direkt zu verkaufen.

Wie man den Markt liest

1. **Seltene und besondere Karten**: Einige Spieler und Karten sind aufgrund ihrer Seltenheit, ihrer besonderen Attribute oder Fähigkeiten wertvoller als andere. Seltene Gegenstände, wie **legendäre** Spieler oder Special Edition-Karten, sind tendenziell wertvoller und können im Auktionshaus hohe Preise erzielen. Wenn Sie auf diese seltenen Gegenstände stoßen, ist es wichtig zu wissen, ob ihr Wert im Laufe der Zeit steigen wird oder ob Sie sie sofort verkaufen sollten.

2. **Wissen, was man kaufen soll**: Behalten Sie den Überblick über die Leistung der Spieler in echten NFL-Spielen, insbesondere bei besonderen Ereignissen wie dem **NFL Draft, dem Super Bowl** und **den Pro Bowls**. Karten von Spielern, die bei diesen Events gut abschneiden, können auf dem **MUT-Markt in die Höhe schnellen** . Darüber hinaus kann es bei einigen Karten aus früheren Aktionen zu einem Anstieg der Nachfrage kommen, wenn das Thema oder die Veranstaltung wieder auftaucht.

Synergie schaffen: So bauen Sie das perfekte MUT-Team auf

Synergie ist das, was eine Ansammlung von Spielern in eine geschlossene, unaufhaltsame Einheit verwandelt. **MUT** ermöglicht es dir, Synergien zwischen deinen Spielern aufzubauen, die auf der Chemie und den Fähigkeiten der Spieler basieren. Bei der Schaffung von Synergien geht es nicht nur darum, die besten Spieler zu haben, sondern auch darum, sicherzustellen, dass sie sich in ihren Stärken und Schwächen ergänzen.

Aufbau der Teamchemie

1. **Teamchemie**: Viele Karten in **MUT** haben Chemie-Boosts, die auf ihrer Teamzugehörigkeit basieren. Wenn du zum Beispiel mehrere Spieler aus demselben NFL-Team hast, erhalten sie einen Chemie-Bonus, der ihre Leistung auf dem Spielfeld steigert. Beginne damit, eine Kerngruppe von Spielern aus einem Team aufzubauen, und wenn du expandierst, kannst du weitere Spieler mit ähnlichen Chemie-Boosts hinzufügen.

2. **Positionsspezifische Synergie**: Bestimmte Spieler arbeiten aufgrund ihrer Positionen besser zusammen. Zum Beispiel wird ein Quarterback- und Wide-Receiver-Duo mit hervorragender **Route Running** und **Wurfgenauigkeit** im Passspiel besser abschneiden. In ähnlicher Weise arbeiten Defensive Backs, die sich mit **Man Coverage** auskennen, gut zusammen, um Receiver in einem **Mann-zu-Mann-Verteidigungsschema** auszuschalten .

3. **Spielerfähigkeiten**: Viele Spieler verfügen über einzigartige **Fähigkeiten** oder **X-Faktor-Fähigkeiten** , die während des Spiels aktiviert werden können. Diese Fähigkeiten können erhebliche Vorteile im Spiel bieten, wie z. B. eine schnellere Erholung nach Zweikämpfen,

verbessertes Blocken oder erhöhte Aufmerksamkeit. Wenn du dein MUT-Team zusammenstellst, achte darauf, dass die Fähigkeiten deiner Spieler den Spielplan ergänzen, den du verwenden möchtest.

Optimierung des Dienstplans

1. **Ausgewogene Teamzusammenstellung**: Auch wenn es verlockend erscheinen mag, hochbewertete Spieler zu stapeln, solltest du daran denken, dass die Balance der Schlüssel ist. Deine Offense, Defense und Special Teams müssen zusammenarbeiten. Vermeiden Sie es, auf einer Seite des Balls zu viel Geld auszugeben und die andere zu vernachlässigen. Ein gut abgerundetes Team mit Synergien über alle Positionen hinweg wird auf lange Sicht bessere Leistungen erbringen.

2. **Anpassung an bestimmte Spielstile**: Wenn dein Team wächst, kannst du es an deinen Spielstil anpassen. Wenn du einen passlastigen Angriff bevorzugst, konzentriere dich darauf, Elite-Quarterbacks und Wide Receiver mit hervorragenden Route-Running-Fähigkeiten und Geschwindigkeit zu bekommen. Wenn du zu einer **Run-First-Offense tendierst**, priorisiere Offensive

Linemen, Power Running Backs und Tight Ends, die sich im Blocken auszeichnen.

Kapitel 8: Größe erreichen

Jeder Spieler, der *Madden NFL in die Hand nimmt* , träumt davon, Großes zu erreichen. Egal, ob es darum geht, die Super-Bowl-Trophäe in die Höhe zu stemmen, alle Erfolge und Trophäen zu sammeln oder versteckte Funktionen freizuschalten, die dein Erlebnis verbessern, auf der Reise zur Größe geht es in *Madden NFL* nicht nur darum, das Spiel zu meistern, sondern auch darum, die Geheimnisse und Strategien zu finden, die dein Team unaufhaltsam machen.

In diesem Kapitel gehen wir durch die wesentlichen Schritte, die dir helfen, den Gipfel des Erfolgs in *Madden NFL* zu erreichen. Wir erkunden den Weg zum **Super Bowl-Ruhm**, wie man sich jeden **Erfolg und jede Trophäe verdient**, entdecken die **versteckten Funktionen und freischaltbaren Dinge,** die Sie kennen müssen, und geben **Expertentipps für beständige Siege** in kompetitiven Spielen. Am Ende dieses Kapitels wirst du nicht nur verstehen, wie man Meisterschaften gewinnt, sondern auch, wie man alle Belohnungen sammelt und den Überblick behält.

Super Bowl-Ruhm: Dein Weg zum Meisterschaftserfolg

Der Super Bowl ist das ultimative Ziel in *Madden NFL*. Egal, ob du dich im **Franchise-Modus, in Ultimate Team (MUT)** oder **im Online-Spiel befindest**, um die Meisterschaft zu gewinnen, ist eine Kombination aus Strategie, Geschicklichkeit und Beständigkeit erforderlich. Lassen Sie uns Schritt für Schritt aufschlüsseln, wie Sie den Super Bowl-Ruhm erreichen können.

Schritt 1: Aufbau eines Teams von Meisterschaftskaliber

Deine Reise zum Super Bowl beginnt mit dem richtigen Kader. Egal, ob du ein NFL-Team im **Franchise-Modus** steuerst oder ein **MUT-Team aufbaust** , die Erstellung eines Teams von Meisterschaftskaliber ist der erste Schritt auf deinem Weg.

1. **Bewerten Sie Ihre Stärken und Schwächen**: Identifizieren Sie die Stärken und Schwächen Ihres Teams und nutzen Sie diese Informationen, um sich auf die Verbesserung von Schwachpositionen durch Trades, den Draft oder das **Auktionshaus in MUT zu konzentrieren**. Wenn du in der Defense

Probleme hast, solltest du deinen Secondary oder Pass Rush stärken. Wenn deine Offense den Ball nicht konstant bewegen kann, rüste deine Offensive Line oder deinen Quarterback auf.

2. **Balance ist der Schlüssel**: Sowohl im **Franchise-Modus** als auch im **MUT-Modus** ist die Balance entscheidend. Gehen Sie nicht auf einer Seite des Balls All-In und vernachlässigen Sie die andere. Du brauchst eine starke Verteidigung, die den Lauf stoppen, den Passgeber rushen und den tiefen Ball decken kann. Ebenso muss deine Offense vielseitig genug sein, um auf verschiedene Arten anzugreifen – durch die Luft, am Boden und mit intelligentem Playcalling.

3. **Spielerentwicklung**: Wenn du dich im **Franchise-Modus befindest**, solltest du sicherstellen, dass du deine Spieler effizient entwickelst. Setze **XP** (Erfahrungspunkte) mit Bedacht ein und konzentriere dich auf die Entwicklung von Schlüsselspielern mit hohem Potenzial. Jungen Spielern sollte die Möglichkeit gegeben werden, sich weiterzuentwickeln, sei es durch Spielzeit, bestimmte Übungen oder Trainingspläne.

Schritt 2: Die Playoffs dominieren

Sobald du es in die Playoffs geschafft hast, ist es an der Zeit, dein Spiel zu verbessern. Die Intensität und der Wettbewerb nehmen zu, so dass Ihr Team vorbereitet sein muss.

1. **Passen Sie Ihr Playbook für die Playoffs an**: In der regulären Saison kommen Sie vielleicht mit Standardspielen aus, aber die Playoffs erfordern Präzision. Studiere die Tendenzen deines Gegners und passe dein Playbook entsprechend an. Konzentriere dich zu Beginn des Spiels auf kurze, effiziente Spielzüge und hebe dir deine aggressiveren Strategien für den Fall auf, dass du gegen Ende des Spiels einen Schub brauchst.

2. **Spielmanagement**: In der Nachsaison sind Zeitmanagement und Zeitkontrolle von entscheidender Bedeutung. Wenn du in der zweiten Halbzeit führst, nutze die Uhr zu deinem Vorteil. Lassen Sie den Ball laufen, um Zeit zu verbrennen und Ihre Verteidigung vom Feld fernzuhalten. Wenn du zurückliegst, sei aggressiver – gehe Risiken ein, gehe es bei Bedarf mit 4th Down an und setze eine Hurry-Up-Offense ein, um die Defense aus dem Gleichgewicht zu bringen.

3. **Bleiben Sie unter Druck ruhig**: Playoffs können intensiv sein, und mit dem Super Bowl vor Augen

können die Nerven das Beste aus Ihnen herausholen. Aber denken Sie daran: **Beständigkeit** ist der Schlüssel zum Erfolg. Versuchen Sie nicht, große Spielzüge zu erzwingen. Bleiben Sie diszipliniert, spielen Sie klug und vertrauen Sie auf Ihre Vorbereitung.

Schritt 3: Den Super Bowl gewinnen

Jetzt bist du im Super Bowl, und hier zahlt sich all deine harte Arbeit aus. So schließen Sie stark ab:

1. **Halten Sie sich an das, was funktioniert**: Auch wenn Sie versucht sein mögen, im Super Bowl auffällig zu werden, ist die beste Strategie oft die einfachste. Bleib bei dem, was dich hierher gebracht hat – lass den Ball effektiv laufen, kontrolliere die Uhr und spiele eine solide Verteidigung. Du solltest aber auch ein paar Big-Play-Strategien parat haben, um deinen Gegner zu überrumpeln.

2. **Limit Errors**: Im wichtigsten Spiel der Saison können Fehler teuer werden. Vermeiden Sie Fluktuationen um jeden Preis. Achte darauf, dass dein Quarterback nicht in eine starke Deckung wirft, und sei vorsichtig mit der Sicherheit des

Runningback-Balls. Konzentriere dich in der Defense darauf, saubere Tackles zu machen und deine Aufgaben zu decken.

3. **Passen Sie sich in Echtzeit an**: Der Super Bowl steckt voller Überraschungen, also seien Sie darauf vorbereitet, sich im Handumdrehen anzupassen. Wenn du etwas siehst, das funktioniert – wie eine bestimmte Routenkombination oder eine defensive Formation –, lehne dich darauf an. Wenn du merkst, dass sich dein Gegner an deine Offensive anpasst, schalte schnell um, um die Oberhand zu behalten.

Schritt 4: Feiern Sie Ihren Sieg

Sobald du die Trophäe in die Höhe gestreckt hast, nimm dir einen Moment Zeit, um den Sieg zu genießen. Feiere das Team, das du aufgebaut hast, die Strategien, die du umgesetzt hast, und die Fähigkeiten, die du entwickelt hast, um die Spitze von *Madden NFL zu erreichen.*

Erfolge und Trophäen verdienen: Eine vollständige Sammlung

Neben dem Nervenkitzel, den Super Bowl zu gewinnen, *bietet Madden NFL* ein reichhaltiges System an Erfolgen und Trophäen, die deinen Fortschritt und dein Können widerspiegeln. Das Verdienen dieser Belohnungen trägt nicht nur zu deiner persönlichen Zufriedenheit bei, sondern kann dir auch wertvolle Ressourcen im Spiel liefern.

Arten von Erfolgen und Trophäen

1. **Karriere-Meilensteine**: Diese Erfolge werden durch bedeutende Erfolge im Laufe deiner Spielerkarriere freigeschaltet. Beispiele hierfür sind der Gewinn eines Super Bowls, das Brechen eines langjährigen Rekords oder das Erreichen einer bestimmten Anzahl von Siegen.

2. **Leistung im Spiel**: Erfolge, die sich auf bestimmte Leistungen im Spiel beziehen, z. B. das Erzielen einer bestimmten Anzahl von Touchdowns in einem Spiel, das Werfen für eine bestimmte Anzahl von Yards oder das Abschließen einer bestimmten Anzahl von Pässen ohne Interception.

3. **Modusspezifische Erfolge**: In **MUT** kannst du zum Beispiel Trophäen freischalten, wenn du Herausforderungen meisterst, bestimmte Spielersets sammelst oder mehrere Saisons gewinnst. In ähnlicher Weise können im **Franchise-Modus** Trophäen verdient werden, indem man ein

erfolgreiches Team über mehrere Saisons hinweg führt, eine Dynastie aufbaut oder hochrangige Spieler scoutet und draftet.

4. **Online-Erfolge**: Viele Spieler schalten Erfolge durch **das Online-Spiel frei**, wie z. B. das Gewinnen einer bestimmten Anzahl von Spielen, das Abschließen von Ranglistenspielen oder die Teilnahme an Turnieren.

Wie man sie verdient

1. **Konzentriere dich auf tägliche und wöchentliche Herausforderungen**: Diese Herausforderungen bieten einfache Siege und konsistente Belohnungen. Wenn du diese regelmäßig abschließt, häufst du eine Sammlung kleinerer Erfolge an, die sich im Laufe der Zeit summieren.

2. **Schließe Spezial-Events ab**: Während besonderer Aktionen **bietet Madden NFL** oft zeitlich begrenzte Erfolge an, die seltene Belohnungen bieten. Dabei kann es sich um bestimmte Spielerleistungen, Teamerfolge oder Gameplay-Herausforderungen handeln, die sich an realen NFL-Ereignissen orientieren.

3. **Streben Sie nach den großen Meilensteinen**: Das Verdienen von Karrieretrophäen wie **Super Bowl-Siegen**, **MVP-Auszeichnungen** und **Offensive/Defensive Player of the Year** erfordert Zeit, aber sie bieten enorme Belohnungen. Konzentriere dich darauf, ein Team aufzubauen, das konstant tiefe Playoff-Runs hinlegen und sich schließlich den ultimativen Preis sichern kann – den Super Bowl-Sieg.

Versteckte Funktionen und freischaltbare Gegenstände: Geheimnisse, die Sie kennen müssen

Ein Teil der Freude am Spielen von *Madden NFL* besteht darin, die versteckten Funktionen und freischaltbaren Elemente aufzudecken, von denen dir das Spiel nicht explizit erzählt. Diese Geheimnisse können dir einen Wettbewerbsvorteil verschaffen, Zugang zu seltenen Gegenständen verschaffen oder einfach dein Gesamterlebnis verbessern.

Verborgene Funktionen freischalten

1. **X-Faktor-Fähigkeiten**: Einige Spieler verfügen über **X-Faktor-Fähigkeiten**, die durch bestimmte Meilensteine oder Erfolge freigeschaltet werden können. Diese Fähigkeiten haben einen erheblichen Einfluss auf das Gameplay und können dir einen Wettbewerbsvorteil verschaffen. Halte Ausschau nach Spielern mit X-Faktor-Potenzial im **MUT**- oder Franchise-Modus und konzentriere dich darauf, ihr volles Potenzial auszuschöpfen.

2. **Versteckte Easter Eggs und Anpassungsoptionen**: Gelegentlich enthält *Madden NFL* versteckte Easter Eggs – wie spezielle Uniformen, Throwback-Teams oder geheime Spieler-Boosts. Achte auf Event-Zeitpläne und spezielle Aktionen, bei denen du exklusive Gegenstände oder zeitlich begrenzte Herausforderungen freischalten kannst.

3. **Alternative Uniformen und Logos**: Wenn du gerne dein Team anpasst, halte Ausschau nach speziellen **alternativen Uniformen**, **Retro-Trikots** oder **einzigartigen Logos**, die deinem Team eine persönliche Note verleihen können. Diese freischaltbaren Gegenstände sind oft an bestimmte Erfolge oder Meilensteine im Spiel gebunden.

4. **Special Packs und Player Cards**: Durch verschiedene Aktionen sind oft spezielle Player Packs und Karten in **MUT erhältlich**. Diese können seltene Spieler, Karten mit einzigartigen Fähigkeiten oder Karten enthalten, die Boosts für dein gesamtes Team bieten. Behalte den Überblick über diese Sonderaktionen, um deinen Kader zu verbessern.

Expertentipps für beständige Siege in kompetitiven Spielen

Wenn du deine Fähigkeiten auf die nächste Stufe bringen und konstant in Ranglistenspielen, Turnieren oder gegen Freunde antreten möchtest, ist die Beherrschung bestimmter Strategien und Techniken unerlässlich. Hier sind einige Expertentipps, mit denen Sie immer auf dem Laufenden bleiben.

1. Beherrschen Sie die Grundlagen, aber entwickeln Sie Ihr Spiel weiter

Während es wichtig ist, die grundlegenden Mechaniken und Strategien des Spiels zu beherrschen, wissen die besten Spieler, wann sie ihren Stil anpassen müssen. Werden Sie nicht zu vorhersehbar. Entwickle deine offensiven und defensiven Schemata ständig weiter, um deinen Gegner im Unklaren zu lassen.

- **Mischen Sie Ihre Spielzüge**: Eine gute Offense verlässt sich nicht auf einen Spielzug. Bringen Sie Abwechslung – lassen Sie den Ball laufen, wenn Ihr Gegner einen Pass erwartet, und werfen Sie tief, wenn er sich auf kurze Wege konzentriert. Nutze Bewegungen, um die Verteidigung zu verwirren und Diskrepanzen zu erzeugen.
- **Lesen Sie das Spiel**: Führen Sie Spielzüge nicht einfach blind aus. Seien Sie sich der Gewohnheiten Ihres Gegners bewusst und passen Sie Ihr Gameplay an das an, was er tut. Wenn sie gerne blitzen, bereite deine Offense darauf vor, mit schnellen Pässen oder Screens zu kontern. Wenn sie den Ball effektiv laufen lassen, passe deine Verteidigung an, um den Lauf zu stoppen.

2. Verwenden Sie intelligente Substitutionen und Tiefendiagramme

Bei längeren Spielen kann Ermüdung ein echter Faktor sein. Achte darauf, kluge Auswechslungen vorzunehmen und deine Spieler zu rotieren, um sie frisch zu halten. Behalten

Sie immer ein Auge auf Spieler, die überarbeitet oder verletzungsgefährdet sein könnten, insbesondere in kritischen Momenten.

3. Nutzen Sie Bewegung zu Ihrem Vorteil

Bewegung ist nicht nur zur Show – sie ist ein wichtiges Werkzeug, um sich einen Vorteil zu verschaffen. Verwenden Sie Bewegung, um Folgendes zu tun:

- Identifizieren Sie die Mann- und Zonenabdeckung.
- Verschleiern Sie Ihre Spielzüge.
- Erstellen Sie natürliche Pick- und Rub-Routen, die zu offenen Receivern führen können.

4. Wissen, wann Sie Risiken eingehen sollten

Es ist zwar wichtig, auf Nummer sicher zu gehen, aber zu wissen, wann man Risiken eingehen sollte, kann den Unterschied zwischen einem Gewinn und einem Verlust ausmachen. In entscheidenden Momenten, wie z. B. spät im Spiel oder bei einem wichtigen 4th Down, ist es manchmal die richtige Entscheidung, alles zu geben. Seien Sie aggressiv, aber kalkuliert – wissen Sie, wann es sich lohnt, ein großes Spiel zu machen.

Kapitel 9: Fehlerbehebung und FAQs

Auch die besten Spiele bringen ihre Herausforderungen mit sich. Unabhängig davon, ob du mit häufigen Fehlern, Verbindungsproblemen oder frustrierenden Störungen konfrontiert bist, ist es wichtig zu wissen, wie du diese Probleme beheben kannst, damit du *Madden NFL* ohne Unterbrechungen wieder spielen und genießen kannst. Dieses Kapitel soll dir helfen, technische Probleme zu lösen, häufige Fehler zu beheben und Störungen zu beheben, die während deines Spiels auftreten können. Wir behandeln alles, von der Behebung von Fehlern im Spiel über die Behebung von Verbindungsproblemen bis hin zu einigen bekannten Störungen und Problemumgehungen.

Behebung häufiger Fehler und Spielprobleme

Madden NFL ist zwar ein ausgefeiltes Spiel, aber kein Titel ist immun gegen gelegentliche Fehler oder Leistungsprobleme. Glücklicherweise gibt es für die meisten häufigen Probleme einfache Lösungen, die Ihnen helfen können, in kürzester Zeit wieder zu spielen. Werfen wir einen Blick auf einige der häufigsten Fehler und wie man sie behebt.

1. Einfrieren oder Abstürzen des Spiels

Eines der frustrierendsten Probleme, auf die du stoßen kannst, ist, wenn das Spiel einfriert oder abstürzt, entweder während des Starts oder während du dich mitten in einem Spiel befindest.

Lösungen:

- **Starten Sie das Spiel neu**: Versuchen Sie zunächst, das Spiel neu zu starten. Dadurch werden häufig kleinere Probleme oder Störungen behoben, die durch vorübergehende Datenüberlastung verursacht werden.
- **Nach Updates suchen**: Manchmal kann das Problem an einer veralteten Version des Spiels liegen. Überprüfe, ob Patches oder Updates für *Madden NFL verfügbar sind*. Diese Updates beheben häufig Leistungsprobleme und beheben Fehler.
- **Konsolen-Cache leeren**: Wenn du auf einer Konsole spielst, kann das Löschen des Caches helfen, beschädigte Dateien oder Daten zu entfernen, die zum Einfrieren des Spiels führen könnten. Auf PlayStation oder Xbox ist

dieser Vorgang in der Regel einfach: Starten Sie einfach die Konsole neu und führen Sie einen Cache-Reset durch.

- **Installieren Sie das Spiel neu**: Wenn das Problem weiterhin besteht, sollten Sie das Spiel neu installieren. Dadurch wird sichergestellt, dass alle Dateien frisch und frei von Beschädigungen sind, die während der Installation aufgetreten sein könnten.

2. Audio- und visuelle Fehler

Gelegentlich berichten Spieler von Problemen mit Audioabbrüchen, visuellen Störungen oder stotternden Frames. Diese können das Spielerlebnis beeinträchtigen, daher ist es wichtig, sie schnell zu beheben.

Lösungen:

- **Audioeinstellungen anpassen**: Gehe zu den Audioeinstellungen im Spielmenü und überprüfe, ob alle Audiooptionen korrekt konfiguriert sind. Manchmal kann das Verringern oder Zurücksetzen der Lautstärkeeinstellungen Probleme mit dem Ton beheben.
- **Überprüfen Sie die Konsoleneinstellungen**: Stellen Sie sicher, dass die Videoausgabeeinstellungen Ihrer Konsole korrekt an die Funktionen Ihres Fernsehers oder Monitors angepasst sind. Möglicherweise müssen Sie die

Auflösung oder Bildwiederholfrequenz anpassen, um visuelle Störungen zu vermeiden.

- **Grafiktreiber aktualisieren (für PC-Spieler):** Wenn du auf dem PC spielst, stelle sicher, dass deine Grafikkartentreiber auf dem neuesten Stand sind. Ein veralteter Treiber kann zu Stottern, Grafikfehlern und schlechter Leistung führen.

- **Bewegungsunschärfe deaktivieren:** Einige Spieler haben festgestellt, dass das Deaktivieren der Bewegungsunschärfe in den Einstellungen dazu beiträgt, Bildverluste zu vermeiden und die visuelle Leistung zu verbessern.

3. Langsame Ladezeiten oder lange Wartezeiten zwischen den Spielen

Wenn du während der Spielersuche oder beim Laden eines Spiels langsame Ladezeiten oder übermäßige Wartezeiten hast, ist es wichtig zu wissen, wie du die Dinge beschleunigen kannst.

Lösungen:

- **Überprüfen Sie die Internetverbindung:** Langsame Ladezeiten können manchmal mit einer schlechten Internetverbindung in Verbindung gebracht werden. Stellen Sie sicher, dass Ihre Internetverbindung stabil und stark ist. Eine kabelgebundene Verbindung (Ethernet) ist in der Regel schneller und zuverlässiger als WLAN.

- **Serverstatus überprüfen**: Manchmal sind lange Wartezeiten auf Serverprobleme auf der Spielseite zurückzuführen. Schaut auf dem offiziellen *Twitter-Account von Madden NFL* oder in den Community-Foren nach, ob Serverausfälle oder Wartungsfenster bekannt sind.

- **Hintergrundanwendungen schließen**: Wenn du auf dem PC spielst, schließe alle unnötigen Anwendungen oder Hintergrundprozesse, die möglicherweise Systemressourcen verbrauchen. Stellen Sie auf Konsolen sicher, dass während des Spielens keine anderen Apps im Hintergrund ausgeführt werden.

Online Play: Verbindungsprobleme lösen

Eine der häufigsten Frustrationen in *Madden NFL* kommt vom Online-Spiel – insbesondere Verbindungsprobleme, die zu Verzögerungen, Verbindungsabbrüchen oder anderen Unterbrechungen führen können. Egal, ob du in **MUT**, **Ranglistenspielen** oder **Online-Ligen** antrittst, Verbindungsprobleme können ein erhebliches Hindernis sein, um das Spiel zu genießen. Glücklicherweise gibt es mehrere Möglichkeiten, Ihre Verbindung zu verbessern und diese Probleme zu vermeiden.

1. Probleme mit der Internetverbindung

Die häufigste Ursache für Probleme mit der Online-Verbindung ist eine schwache oder instabile Internetverbindung. So diagnostizieren und beheben Sie das Problem:

Lösungen:

- **Testen Sie Ihre Internetgeschwindigkeit**: Verwenden Sie ein Online-Geschwindigkeitstest-Tool, um Ihre Download- und Upload-Geschwindigkeiten zu überprüfen. *Madden NFL* benötigt für ein optimales Online-Spiel eine stabile Internetverbindung mit einer Download-Geschwindigkeit von mindestens 3 Mbit/s und einer Upload-Geschwindigkeit von 1 Mbit/s.
- **Wechseln Sie zu einer kabelgebundenen Verbindung**: Wenn Sie WLAN verwenden, versuchen Sie, zu einer kabelgebundenen Ethernet-Verbindung zu wechseln. Eine kabelgebundene Verbindung ist schneller und zuverlässiger als Wi-Fi, insbesondere beim Online-Spiel.
- **Starten Sie Ihr Modem und Ihren Router neu**: Trennen Sie Ihr Modem und Ihren Router für etwa 30 Sekunden vom Stromnetz und schließen Sie sie dann wieder an.

Dieses einfache Zurücksetzen kann oft Ihre Verbindung verbessern und vorübergehende Netzwerkprobleme beheben.

- **Andere Geräte im Netzwerk einschränken**: Stelle sicher, dass keine anderen Geräte in deinem Netzwerk große Mengen an Bandbreite verbrauchen (z. B. Videos streamen oder Dateien herunterladen), während du *Madden spielst*. Dadurch wird mehr Bandbreite für Ihr Spiel freigegeben und Verzögerungen reduziert.

2. Probleme beim Matchmaking oder Verbindungsabbruch

Manchmal kann es zu Problemen mit der Spielersuche oder plötzlichen Verbindungsabbrüchen während Online-Spielen kommen. Diese Probleme können entweder von Ihrem Ende oder von den Servern des Spiels herrühren.

Lösungen:

- **Überprüfen Sie den Serverstatus**: Wenn du ein Match nicht finden kannst oder die Verbindung während des Spiels unterbrochen wird, kann es zu Problemen mit *den Servern von Madden NFL* kommen . Besuche die EA Sports-Website oder *den offiziellen Twitter-Feed von Madden NFL,* um zu sehen, ob es laufende Serverprobleme oder Wartungszeiträume gibt.

- **Vermeiden Sie Stoßzeiten**: Versuchen Sie, wenn möglich, außerhalb der Spitzenzeiten zu spielen, da hoher Datenverkehr während der Stoßzeiten zu einer Überlastung der Server und langen Wartezeiten führen kann.

- **NAT-Einstellungen löschen**: Die **NAT-Einstellungen** (Network Address Translation) Ihres Netzwerks können sich auf Ihre Fähigkeit auswirken, eine Verbindung zu Online-Servern herzustellen. Um dies zu verbessern, stellen Sie Ihre Konsole oder Ihren PC so ein, dass der **Typ Open NAT** verwendet wird . Überprüfe die Einstellungen deines Routers, um zu erfahren, wie du NAT für *Madden öffnest*.

- **Starten Sie Ihre Konsole neu**: Manchmal kann ein Neustart Ihrer Konsole oder Ihres PCs Matchmaking- oder Verbindungsprobleme beheben, die während des Spiels auftreten.

Navigieren durch bekannte Störungen und Problemumgehungen

Madden NFL ist ein hochkomplexes Spiel, und gelegentlich können Spieler auf bekannte Störungen stoßen, die das Erlebnis stören können. Einige dieser Probleme sind geringfügig, während andere das Gameplay erheblich beeinträchtigen können. Hier finden Sie eine Anleitung, wie

Sie mit diesen Störungen umgehen und wie Sie sie umgehen können.

1. Gameplay-Bugs und Glitches

Einige der häufigsten Gameplay-Pannen können deine Fähigkeit, Spielzüge zu beenden, beeinträchtigen oder das Spiel komplett stören.

Lösungen:

- **Störungen des Spielerverhaltens**: In einigen Fällen können Spieler in seltsame Positionen auf dem Spielfeld geraten, was es unmöglich macht, mit ihnen zu interagieren. Um dies zu beheben, pausieren Sie das Spiel und setzen Sie das Spiel fort – dies setzt den Spieler oft zurück und bringt ihn wieder in eine normale Position.
- **Fehler in der Ballphysik**: Gelegentlich kann es zu Fehlern kommen, bei denen sich der Ball unregelmäßig verhält – entweder indem er auf unerwartete Weise abprallt oder durch Spieler hindurchgeht. Es gibt zwar keine garantierte Lösung für diese Probleme, aber ein Neustart des Spiels oder ein Neuladen des Spiels kann helfen, die Ballphysik zurückzusetzen.
- **Probleme mit dem KI-Verhalten**: Wenn sich die KI unberechenbar verhält, z. B. wenn sie Tackles verpasst oder Spielzügen nicht folgt, kann dies an einem Fehler in

der Programmierung des Spiels liegen. Versuchen Sie, den Schwierigkeitsgrad oder die Einstellungen anzupassen und prüfen Sie, ob das Problem dadurch behoben wird. Wenn das Problem weiterhin besteht, solltest du in Erwägung ziehen, dein Spiel neu zu starten oder das Spiel neu zu laden, um zu sehen, ob das Problem dadurch behoben wird.

2. Pannen im Franchise-Modus

Der Franchise-Modus ist eines der beliebtesten Features von *Madden NFL*, aber wie jeder komplexe Modus hat er seinen Anteil an Störungen. Dazu gehören Vertragsprobleme, Draft-Bugs oder Probleme mit dem Spielerfortschritt.

Lösungen:

- **Vertrags- und Kaderprobleme**: Wenn du Probleme mit Spielerverträgen hast, die nicht erkannt werden, oder Spielern, die aus der Liste verschwinden, versuche, dein Spiel zu speichern und neu zu starten. Dadurch können häufig Probleme im Zusammenhang mit der Dienstplanverwaltung behoben werden.
- **Draft-Bugs**: Gelegentlich kann es vorkommen, dass das Draft-System des Franchise-Modus nicht wie erwartet funktioniert. Wenn du bemerkst, dass Spieler fälschlicherweise in Teams gedraftet werden oder es

während des Draft-Bildschirms zu Störungen kommt, starte das Spiel neu und suche nach Updates, um dieses Problem zu beheben.

- **Probleme mit dem Spielerfortschritt**: Wenn Ihre Spieler nicht wie erwartet Fortschritte machen, stellen Sie sicher, dass sie die richtige Menge an Spielzeit und Training erhalten. Manchmal kann es im Franchise-Modus zu Störungen kommen, sodass bestimmte Spieler keine EP mehr erhalten – ein Neustart des Modus oder eine Anpassung der Einstellungen für die Spielerentwicklung können hilfreich sein.

3. Visuelle Störungen

Visuelle Störungen können manchmal dazu führen, dass Spielelemente wie Spielertexturen, Stadien oder Animationen verzerrt erscheinen.

Lösungen:

- **Zurücksetzen der Grafikeinstellungen**: Wenn visuelle Störungen auftreten, versuchen Sie, Ihre Grafikeinstellungen zurückzusetzen. Wenn Sie einen PC verwenden, verringern Sie vorübergehend die Grafikeinstellungen, um zu sehen, ob die visuellen Probleme dadurch behoben werden.

- **Installieren Sie das Spiel neu**: Wenn visuelle Störungen bestehen bleiben und das Zurücksetzen der Einstellungen nicht hilft, ist die Neuinstallation des Spiels oft die beste Lösung. Dadurch wird sichergestellt, dass alle Spieldateien intakt und frei von Beschädigungen sind.

Kapitel 10: Fazit

Während du diesen umfassenden Leitfaden für *Madden NFL durchgearbeitet* hast, hast du dir das Wissen und die Strategien angeeignet, um ein wirklich beeindruckender Spieler zu werden, egal ob du dein Traumteam in **Ultimate Team (MUT) aufbaust**, ein Franchise zu Ruhm und Ehre führst oder im Online-Spiel antrittst. Indem du die Grundlagen beherrschst, dein Gameplay perfektionierst und die Tiefe der Spielmodi verstehst, bist du jetzt bereit, jede Herausforderung anzunehmen, die das Spiel dir in den Weg stellt.

Der Weg zur Größe in *Madden NFL* endet hier jedoch nicht. Im Laufe des Spiels gibt es immer Raum für Verbesserungen, neue Updates zum Erkunden und neue Herausforderungen, denen du dich stellen musst. Dieses letzte Kapitel wird dir helfen, dein *Madden NFL-Erlebnis* noch weiter zu verbessern, deinen Vorsprung zu behalten und mit all den aufregenden Neuzugängen, die das Spiel auch in Zukunft prägen werden, auf dem Laufenden zu bleiben.

Abschließende Gedanken: Verbessere dein Madden NFL-Erlebnis

Madden NFL ist mehr als nur ein Spiel – es ist ein dynamisches und sich weiterentwickelndes Erlebnis. Egal, ob du im **Franchise-Modus** dominieren, in MUT **aufsteigen** oder dein Können in Online-Matches unter Beweis stellen willst, es gibt immer etwas Neues zu entdecken, zu lernen und zu perfektionieren.

1. **Bleiben Sie engagiert und fordern Sie sich selbst heraus**: Je mehr Sie sich selbst herausfordern, desto besser werden Sie. Während du deine Fähigkeiten weiter entwickelst, versuche, deine Grenzen zu erweitern, indem du es mit härteren Gegnern aufnimmst und dir höhere Ziele setzt. Egal, ob du im **Franchise-Modus** eine perfekte Saison anstrebst oder den ultimativen **MUT-Kader aufbauen willst**, das ständige Setzen neuer Ziele sorgt dafür, dass das Erlebnis frisch und aufregend bleibt.

2. **Adaptiere dich und entwickle dich**: Genau wie in der echten NFL sind die besten Spieler in *Madden NFL* diejenigen, die sich an Veränderungen anpassen können. Wenn neue Updates und Funktionen veröffentlicht werden, zögere nicht, neue Strategien

auszuprobieren, mit verschiedenen Taktiken zu experimentieren und offen für die Weiterentwicklung deines Spielstils zu bleiben. Anpassungsfähigkeit hilft Ihnen nicht nur, wettbewerbsfähig zu bleiben, sondern sorgt auch dafür, dass Ihre Erfahrung langfristig ansprechend und angenehm bleibt.

3. **Keep It Fun**: Am Ende des Tages geht es bei *Madden NFL* darum, Spaß zu haben. Egal, ob du alleine oder mit Freunden spielst, das Spiel sollte immer ein angenehmes Erlebnis sein. Lass dir nicht den Spaß nehmen, jedes Match zu gewinnen oder nach Erfolgen zu grinden. Feiern Sie Ihre Siege, lernen Sie aus Ihren Niederlagen und haben Sie vor allem Spaß auf dem Weg.

Behalten Sie Ihren Vorsprung: Wie Sie sich weiter verbessern können

Wie bei jedem kompetitiven Spiel gibt es immer Raum für Verbesserungen. Hier sind einige Tipps, wie Sie Ihre Fähigkeiten weiter ausbauen und Ihren Vorsprung behalten können:

1. **Analysieren Sie Ihr Gameplay**: Nehmen Sie sich nach jedem Spiel einen Moment Zeit, um über Ihre Leistung nachzudenken. Haben Sie kluge Entscheidungen getroffen? Gab es Momente, in denen du anders hättest spielen können? Wenn du deine Spielzüge überprüfst und aus deinen Fehlern lernst, kannst du dich verbessern und dich an die nächste Herausforderung anpassen. Viele erfolgreiche Spieler nutzen diese Methode, um Bereiche zu identifizieren, in denen sie sich verbessern können – sei es im Passspiel, in der Defensivstrategie oder im Play Calling.

2. **Lerne von anderen**: Sieh dir Top-Spieler und Streamer an, die konstant auf hohem Niveau spielen. Du kannst viel lernen, indem du ihre Entscheidungsfindung, ihren Spielstil und ihre Strategien beobachtest. Darüber hinaus gibt es viele YouTube-Tutorials, Live-Streams und Community-Foren, in denen Sie Tipps, Tricks und Strategien mit anderen engagierten Spielern austauschen können.

3. **Konzentrieren Sie sich auf bestimmte Fähigkeiten**: Anstatt zu versuchen, alles auf einmal zu meistern, konzentrieren Sie sich auf eine bestimmte Fähigkeit nach der anderen. Arbeite zum

Beispiel eine Woche lang daran, deine Passmechanik in der Tasche zu perfektionieren oder das Lesen von Verteidigungen in **MUT zu üben**. Sobald Sie sich in einem Bereich sicher fühlen, gehen Sie zum nächsten über. Indem du dich der Beherrschung einzelner Fähigkeiten widmest, wirst du nach und nach ein abgerundeteres Spiel aufbauen.

4. **Setzen Sie sich realistische Ziele**: Setzen Sie sich spezifische, messbare Ziele, die Sie herausfordern, aber auch erreichbar sind. Egal, ob es darum geht, eine bestimmte Anzahl von Spielen in **MUT zu gewinnen**, eine Franchise-Saison ohne Niederlage abzuschließen oder einen bestimmten Erfolg zu erzielen, wenn du klare Ziele hast, bleibst du motiviert und konzentriert.

5. **Bleiben Sie geduldig**: Wachstum braucht Zeit. *Madden NFL* ist ein Spiel, bei dem es um Strategie, Entscheidungsfindung und Geschicklichkeit geht. Lassen Sie sich nicht von Rückschlägen, Verlusten oder Momenten der Frustration entmutigen. Die fähigsten Spieler haben es nicht über Nacht geschafft – sie haben Zeit und Mühe investiert, aus ihren Fehlern gelernt und sich ständig verbessert.

Was kommt als nächstes: Updates, DLCs und zukünftige Funktionen

Einer der aufregenden Aspekte von *Madden NFL* ist seine ständige Weiterentwicklung. EA Sports fügt ständig neue Inhalte, Funktionen und Updates hinzu, die das Spielerlebnis verbessern und sicherstellen, dass *Madden NFL* für die Spieler Jahr für Jahr relevant und spannend bleibt.

1. Bleiben Sie über neue Funktionen auf dem Laufenden

EA Sports veröffentlicht regelmäßig Updates, die neue Funktionen hinzufügen, das Gameplay verbessern und die Balance-Mechaniken verbessern. Diese Updates können alles enthalten, von neuen **MUT-Spielerkarten** und Teamaufstellungen bis hin zu Gameplay-Anpassungen, die das Spiel realistischer machen. Behaltet die Patchnotes und Ankündigungen im Auge, damit ihr euch an Änderungen anpassen und von neuen Ergänzungen profitieren könnt.

Tipp: Folge den *Social-Media-Konten, Community-Blogs und offiziellen Foren von Madden NFL, um über neue Updates, Aktionen und saisonale Events auf dem Laufenden zu bleiben.*

2. Herunterladbare Inhalte (DLC)

DLCs sind ein wichtiger Aspekt von *Madden NFL* und bieten neuen Spielerpaketen, Modi oder In-Game-Events, die dein Gameplay frisch halten können. Egal, ob es sich um eine **Super Bowl-Aktion**, spezielle saisonale Inhalte oder neue Spielerkarten für **MUT handelt**, herunterladbare Inhalte können dein Spielerlebnis erheblich verbessern.

Tipp: Behaltet immer zeitlich begrenzte Events in **MUT im Auge** , die exklusive Belohnungen bieten. Diese Events können eine großartige Möglichkeit sein, hoch bewertete Spieler, Münzen und andere wertvolle Gegenstände zu verdienen, die deinen Trupp aufwerten können.

3. Erweiterungen und Spielmodi

EA Sports führt regelmäßig neue Spielmodi und temporäre Events ein, die die Möglichkeiten von *Madden NFL erweitern*. **The Yard**, **Superstar KO** und **Draft Champions** sind nur einige Beispiele für einzigartige Modi, die dem Spiel Abwechslung verleihen. Diese Modi bieten unterschiedliche Spielstile und Herausforderungen, und *Madden NFL* wird auch in zukünftigen Updates mit neuen Formaten experimentieren.

Tipp: Probiere jeden neuen Spielmodus aus, sobald er veröffentlicht wird. Während **der Franchise-Modus** und **MUT** für die meisten Spieler im Vordergrund stehen, bieten andere Modi einzigartige Belohnungen, frische Spielerlebnisse und eine Pause von der Routine.

4. Saisonale Updates

Die *Madden NFL-Community* freut sich auf neue saisonale Updates, die oft mit realen NFL-Events wie dem **NFL Draft, dem Super Bowl** und dem **Pro Bowl zusammenfallen**. Diese Updates können neue Spielerkarten, zeitlich begrenzte Packs und besondere Herausforderungen sowie Aktualisierungen der Spieleraufstellungen mit sich bringen, um reale Änderungen an NFL-Teams widerzuspiegeln.

Tipp: Nehmt an saisonalen Herausforderungen teil, um exklusive Belohnungen zu erhalten und Inhalte zu nutzen, die nur für eine begrenzte Zeit verfügbar sind. Diese Herausforderungen sind oft mit tollen Belohnungen verbunden, die dein Team verbessern oder dir Zugang zu seltenen Gegenständen verschaffen können.

Anhang

In diesem Anhang finden Sie eine hilfreiche Sammlung von Ressourcen und Referenzen, die alles, was Sie in diesem Leitfaden gelernt haben, ergänzen. Egal, ob du einen Begriff klären, schnell Spielerstatistiken überprüfen oder mit der *Madden NFL-Community* in Kontakt treten möchtest , dieser Anhang ist deine zentrale Anlaufstelle für wichtige Informationen. Es ist ein Tool, das dir hilft, dein Gesamterlebnis zu verbessern und es dir leichter macht, dich in den Feinheiten von *Madden NFL zurechtzufinden.*

Glossar der Schlüsselbegriffe

Hier ist eine Liste der wichtigsten *Begriffe aus Madden NFL,* denen du im Laufe des Spiels begegnen wirst. Egal, ob du ein Neuling oder ein erfahrener Spieler bist, es ist immer gut, eine schnelle Referenz für die gebräuchlichsten Ausdrücke und Terminologie zu haben, die im Spiel verwendet werden.

- **Audible**: Eine Funktion, mit der Sie einen Spielzug an der Line of Scrimmage vor dem Snap ändern können.
- **Chemie**: Ein System in *MUT* , das die Werte von Spielern erhöht, wenn sie demselben Team, derselben

Positionsgruppe oder einer speziellen Attributgruppe angehören.

- **X-Faktor**: Spezielle Fähigkeiten, die den Spielern in Schlüsselmomenten einen Schub verleihen und es ihnen ermöglichen, während des Spiels auf einem höheren Niveau zu spielen.

- **MUT (Ultimate Team):** Ein Modus in *Madden NFL*, in dem die Spieler mit Sammelkarten ein Team zusammenstellen, um ihren Traumkader zu erstellen.

- **Franchise-Modus**: Ein Modus, in dem du die Kontrolle über ein NFL-Team übernimmst und alles verwaltest, vom Kader über den Spielplan bis hin zu Trades und Verträgen über mehrere Saisons hinweg.

- **Draft**: Der Prozess der Auswahl von Spielern für dein Team, oft durch zufällige Auswahl oder Scouting, insbesondere im **Franchise-Modus**.

- **Blitz**: Eine defensive Strategie, bei der zusätzliche Spieler, in der Regel Linebacker oder Safeties, geschickt werden, um den Quarterback zu rushen.

- **Zonenabdeckung**: Eine defensive Taktik, bei der jeder Spieler für die Abdeckung eines bestimmten Bereichs des Spielfelds verantwortlich ist und nicht ein Spieler.

- **Mann-zu-Mann-Deckung**: Eine defensive Taktik, bei der jeder Verteidiger einen bestimmten gegnerischen Spieler abdecken soll.

- **Pocket Passing**: Eine Passmethode, bei der der Quarterback in der Pocket (geschützt durch die Offensive Line) bleibt, bevor er einen Pass wirft.

- **Sack**: Wenn der Quarterback hinter der Line of Scrimmage angegriffen wird, während er versucht, zu passen.

- **XP (Erfahrungspunkte)**: Punkte, die für Spielerleistungen und -aktivitäten im **Franchise-Modus verdient** werden und für die Spielerentwicklung verwendet werden.

- **CAP (Salary Cap)**: Das finanzielle Limit für die Gesamtgehälter der Spieler eines Teams, wichtig im **Franchise-Modus**.

Schnelle Statistik-Referenz für Spieler und Teams

Manchmal musst du schnell auf Spielerstatistiken zurückgreifen, besonders wenn du Talente im **Franchise-Modus** oder **MUT** bewertest. Hier sind die wichtigsten Statistiken, auf die Sie sich für jede Position konzentrieren sollten, zusammen mit einigen schnellen Tipps, wie Sie sie bewerten können:

Quarterback (QB)

- **Throw Power**: Wie weit und schnell der QB werfen kann.

- **Wurfgenauigkeit (kurz, mittel, tief):** Präzision auf verschiedene Entfernungen.
- **Bewusstsein:** Bestimmt die Entscheidungsfindung des QBs unter Druck.
- **Geschwindigkeit:** Nützlich zum Klettern und Ausweichen vor Druck.

Running Back (RB)

- **Geschwindigkeit:** Wie schnell sich der Spieler auf dem Spielfeld bewegen kann.
- **Sicht des Ballträgers:** Bestimmt, wie gut der Spieler das Blocken liest.
- **Trucking:** Die Fähigkeit, Zweikämpfe mit Kraft zu durchbrechen.
- **Beweglichkeit:** Wie leicht der Spieler schnelle Schnitte machen und Verteidiger austricksen kann.

Wide Receiver (WR)

- **Geschwindigkeit:** Bestimmt, wie schnell sich der Receiver von Verteidigern lösen kann.
- **Catching:** Genauigkeit bei der Annahme von Pässen, insbesondere in engen Situationen.
- **Route Running:** Wie gut der Spieler seine Routen ausführt, was sich auf die Trennung von den Verteidigern auswirkt.

- **Catch in Traffic**: Wie gut der Receiver den Ball in umkämpften Situationen hält.

Defensive Line (DL)

- **Block Shedding**: Fähigkeit, sich aus Offensive Line Blocks zu befreien.
- **Finesse Moves / Power Moves**: Bestimmt, wie effektiv ein Defensive Lineman den Quarterback rushen kann.
- **Stärke**: Schlüssel zum Blockieren und Abwerfen von Blöcken auf der Linie.

Linebacker (LB)

- **Tackling**: Effektivität beim Herunterbringen von Ballträgern.
- **Block Shedding**: Fähigkeit, Blöcke zu durchbrechen und den Lauf zu stoppen.
- **Zone Coverage**: Wie gut ein Linebacker Passwege in der Zonenverteidigung abdecken kann.

Cornerback (CB)

- **Man Coverage**: Fähigkeit, Receiver in Eins-gegen-Eins-Situationen zu decken.
- **Zonenabdeckung**: Effektivität bei der Abdeckung von Bereichen des Feldes in der Zonenverteidigung.

- **Geschwindigkeit**: Der Schlüssel, um auf tiefen Routen mit schnelleren Receivern mithalten zu können.

Sicherheit (FS/SS)

- **Geschwindigkeit**: Fähigkeit, sowohl in der Laufunterstützung als auch in der Deckung schnell Boden abzudecken.
- **Zone Coverage**: Wie gut der Safety den Spielzug liest und Bereiche des Feldes abdeckt.
- **Hit Power**: Effektivität beim Liefern von großen Treffern und Stoppen von Ballträgern.

Ressourcen-Links: Community, Foren und Online-Ressourcen

Die *Madden NFL-Community* ist riesig und Spieler auf der ganzen Welt tauschen Tipps, Tricks und Strategien aus. Hier sind einige nützliche Online-Ressourcen, die Ihnen helfen, in Verbindung zu bleiben, Ihr Gameplay zu verbessern und die neuesten Updates zu erhalten.

Offizielle Madden NFL Webseite:

- EA Sports Madden NFL Official Site – Der beste Ort für offizielle News, Updates und Ressourcen.

Foren und Community:

- Madden NFL-Foren – Verbinde dich mit anderen *Madden-Spielern* , stelle Fragen und tausche Strategien aus.
- Madden Subreddit – Eine blühende Community von *Madden-Enthusiasten, die über alles diskutieren, von Spielupdates bis hin zu Gameplay-Strategien.*

Soziale Medien:

- Madden NFL Twitter – Erhalte die neuesten Nachrichten und Updates vom offiziellen *Madden NFL* Twitter-Account.
- Madden NFL Facebook – Like die Seite mit "Gefällt mir" für Ankündigungen, Community-Events und mehr.

Tutorials und Tipps:

- YouTube – Madden NFL Channel – Sieh dir Tutorials, Gameplay-Highlights und offizielle Videos an.
- Madden School – Eine ausgezeichnete Ressource für ausführliche Anleitungen, Tipps und Strategien sowohl für Anfänger als auch für erfahrene Spieler.

FAQ: Antworten auf die häufigsten Fragen

Hier findest du Antworten auf einige der am häufigsten gestellten Fragen zu *Madden NFL* , um alle Zweifel auszuräumen und dein Spielerlebnis reibungsloser zu gestalten.

1. Was ist der Unterschied zwischen dem Franchise-Modus und dem MUT-Modus?

- **Im Franchise-Modus** geht es darum, ein NFL-Team über mehrere Saisons hinweg zu managen und alles von Verträgen und Trades bis hin zu Drafts und Spielerentwicklung zu erledigen.
- **MUT (Ultimate Team)** hingegen ist ein Modus, in dem du ein Team aufbaust, indem du Spielerkarten sammelst, Münzen verdienst und an Herausforderungen und Turnieren teilnimmst.

2. Wie werde ich besser darin, Verteidigungen zu lesen?

- Beginne damit, die verschiedenen defensiven Formationen (wie **3-4**, **4-3** und **Nickel) zu lernen**. Lernen Sie während des Spiels zu erkennen, welche Art von Deckung Ihr Gegner verwendet, und passen Sie Ihre Spielzüge entsprechend an. Mit etwas Übung wirst du in der Lage sein, Verteidigungen effektiver zu lesen und schnellere, intelligentere Entscheidungen zu treffen.

3. Was sind X-Faktor-Fähigkeiten und wie setze ich sie ein?

- **X-Factor-Fähigkeiten** sind spezielle Fähigkeiten, die während des Spiels aktiviert werden können, um bestimmten Spielern einen deutlichen Leistungsschub zu verleihen. Diese Fähigkeiten sind einzigartig für bestimmte Spieler und erfordern bestimmte Bedingungen, um aktiviert zu werden. Setze diese Fähigkeiten mit Bedacht ein, um Schlüsselmomente im Spiel zu nutzen.

4. Wie kann ich mehr Münzen in MUT verdienen?

- **Schließe tägliche und wöchentliche Herausforderungen** ab, um Münzen und Belohnungen zu verdienen. Die Teilnahme an saisonalen Events, das Abschließen von Zielen und das Gewinnen von Online-Matches sind großartige Möglichkeiten, deinen Münzvorrat aufzufüllen. Stellen Sie sicher, dass Sie auch das **Auktionshaus effektiv nutzen,** indem Sie günstig kaufen und teuer verkaufen.

5. Warum verzögert sich mein Spiel und wie kann ich das beheben?

- **Spielverzögerungen** werden oft durch eine schlechte Internetverbindung verursacht. Um Ihre Leistung zu verbessern, verwenden Sie eine **kabelgebundene** Ethernet-Verbindung anstelle von WLAN, stellen Sie sicher, dass Ihre **Internetgeschwindigkeit** den Anforderungen entspricht, und stellen Sie sicher, dass während des Spielens keine anderen Geräte Bandbreite verbrauchen.

6. Wie kann ich meine Spieler im Franchise-Modus schneller voranbringen?

- Im **Franchise-Modus** kannst du das Training und die Spielzeit der Spieler priorisieren, um die Werte deiner Spieler zu verbessern. Konzentrieren Sie sich auf die Entwicklung junger Spieler mit hohem Potenzial, indem Sie ihnen mehr Möglichkeiten in Spielen geben und effektive Trainingspläne einrichten.

www.ingramcontent.com/pod-product-compliance
Lightning Source LLC
LaVergne TN
LVHW051240050326
832903LV00028B/2499